LUCY
ET L'OBSCURANTISME

Eric Tauguy

Cuents pon

Vistourels

h:2.

Les Grands singes. L'humanité au fond des yeux, avec
Dominique Lestel, Vinciane Depret et Chris Merzfeld,
2005.

Les Tigres, avec François Savigny, 2004.

*Au commencement était l'Homme. De Toumaï à Cro-
Magnon*, 2003.

PASCAL PICQ

LUCY
ET L'OBSCURANTISME

O d i l e
J a c o b
poches

© ODILE JACOB, 2007, OCTOBRE 2008
15, RUE SOUFFLOT, 75005 PARIS

www.odilejacob.fr

ISBN : 978-2-7381-2160-8
ISSN : 1621-0654

Il est intéressant de contempler un rivage luxuriant, tapissé de nombreuses plantes appartenant à de nombreuses espèces abritant des oiseaux qui chantent dans les buissons, des insectes variés qui voltigent çà et là, des vers qui rampent dans la terre humide, si l'on songe que ces formes si admirablement construites, si différemment conformées, et dépendantes les unes des autres d'une manière si complexe, ont toutes été produites par des lois qui agissent autour de nous. Ces lois, prises dans leur sens le plus large, sont : la loi de croissance et de reproduction ; la loi d'hérédité qu'implique presque la loi de reproduction ; la loi de variabilité, résultant de l'action directe et indirecte des conditions d'existence, de l'usage et du défaut d'usage ; la loi de la multiplication des espèces en raison assez élevée pour amener la lutte pour l'existence, qui a pour conséquence la sélection naturelle, laquelle détermine la divergence des caractères, et l'extinction des formes moins perfectionnées. Le résultat direct de cette guerre de la nature, qui se traduit par la famine et par la mort, est donc le fait le plus admirable que nous puissions concevoir, à savoir : la production des animaux supérieurs. N'y a-t-il pas une véritable grandeur dans cette manière d'envisager la vie ?

Charles DARWIN, *L'Origine des espèces*

INTRODUCTION

Sans la laïcité, ce livre n'existerait pas ! Cette première phrase augure d'un pamphlet, surtout sous la plume d'un paléoanthropologue agnostique ; on s'attendrait à ce que je reprenne avec de grands effets de manche le flambeau des Lumières contre les religions et l'obscurantisme. Ce n'est pas le parti pris de cet essai, même si notre époque connaît un retour en force des conservatismes religieux, des formes diverses de quête de sens et des réactions contre l'évolutionnisme selon Darwin et ses héritiers.

La loi de 1905 sanctionne un siècle de combats politiques et idéologiques. Au cours de la même période, les sciences s'affirment, leur enseignement se développe et leurs applications se répandent : l'idée de progrès s'impose.

Durant le siècle suivant, l'école républicaine n'a pas su se dégager des oppositions fondatrices entre les valeurs de la laïcité et celles de la religion ; telle une nouvelle religion, elle est restée marquée par une « laïcité de combat » associée au positivisme scientiste. L'évolution de l'enseignement confessionnel devenu enseignement privé ; l'évolution sociologique qui amène les familles suffisamment aisées et non pratiquantes à placer leurs enfants dans ce type d'établissements ; l'enseignement laïque confronté à des élèves issus de cultures et de religions non concernées historiquement par la loi de 1905 ; la remise en question de l'idéologie du progrès ; la crise de la pensée scientifique : autant d'évolutions qui imposent toutefois de repenser la laïcité, de sorte qu'elle n'apparaisse plus, à tort ou à raison, comme détentrice d'une vérité absolue s'opposant à d'autres vérités se voulant tout aussi absolues.

Pour autant, cette laïcité est aujourd'hui attaquée sur l'un des terrains les plus essentiels : la place de l'Homme dans la nature. Nous sommes en présence d'une montée en puissance de modes de pensée qui, pour mieux imposer certains dogmes religieux, s'attaquent au cœur même des connaissances que nous avons patiemment accumulées sur la nature, l'évolution, nos origines, notre statut dans l'Univers.

Le principe de ce *backlash*, de cette offensive en retour contre la modernité : non plus opposer la religion à la science, comme deux registres distincts, mais dénier à certaines connaissances, à certaines théories leur qualité scientifique. Il s'agit de les présenter comme des « interprétations » parmi d'autres. Le fondamentalisme religieux, pas du tout islamiste en l'occurrence, joue parfaitement du relativisme ambiant et de certaines modes « postmodernistes ». Dès lors, si telle ou telle théorie scientifique n'est en fait que le reflet de l'idéologie, des intérêts, des préjugés, de la position de ses défenseurs, alors, de ce point de vue, toutes se valent ; aucune n'est véritablement « scientifique », aucune ne peut prétendre à une validité universelle par-delà les particularités de ses défenseurs. Voilà ce qu'ont compris les tenants du créationnisme, cette doctrine visant à revenir à la lettre de la Bible et à dénoncer Darwin, le darwinisme, la théorie de l'évolution. Le projet même de toute la biologie – comprendre tout le vivant comme un ensemble de dérivations, de combinaisons à partir de composants simples sans recourir à des principes transcendant la matière – est une aberration aux yeux des créationnistes. Il leur faut alors, d'une part, tenter de persuader la multitude que ce projet et ces théories relèvent d'une simple idéologie, d'une simple croyance. Mais, d'autre part, ils ont bien compris le prestige dont jouit la science à l'époque moderne : de là à imaginer une « science créationniste », il n'y a qu'un pas, qu'ils franchissent parfois allègrement en fondant des muséums censés apporter les preuves « factuelles » de la création divine ou en lançant des équipes de recherche sur les pentes du mont Ararat pour dénicher les restes de l'Arche de Noé.

11

On a longtemps pu croire que tout cela n'était qu'anecdotique, qu'il ne s'agissait que de la survivance de vieux arguments invoqués depuis des siècles par quelques fanatiques que les religions officielles, quand elles étaient soucieuses de consensus avec la laïcité en Europe au moins, faisaient mine de ne pas remarquer. Nous n'en sommes plus là : il y a aujourd'hui péril, comme le lecteur le constatera très concrètement au chapitre 1 de cet ouvrage. L'enseignement, notamment des sciences de la vie, est en réel danger. Le risque est grand en effet que ne s'introduise dans l'esprit de nos enfants une grave confusion entre le registre des convictions, des croyances, des idéaux et le plan de la science au profit d'un « tout se vaut », d'apparence peut-être sympathique et tolérant, mais funeste en réalité. La parenthèse laïque, qui a permis l'épanouissement des sciences, est-elle en train de se refermer ?

En tout cas, ce danger appelle non point des prises de position indignées, des déclarations enflammées d'attachement à la laïcité, des tirades violentes et polémiques contre la religion, comme à l'époque de la séparation de l'Église et de l'État. Il exige au contraire de rappeler pourquoi la théorie de l'évolution est scientifique et ce que cela implique, pourquoi les créationnistes et les défenseurs de ce qu'on appelle le dessein intelligent, qui sont souvent proches, ne supportent pas ce que nous a appris l'évolutionnisme. Il importe surtout de bien montrer le caractère fallacieux de leurs arguments, souvent anciens. Le débat

12

entre création et évolution ne date pas d'hier ; mais le contexte contemporain lui a redonné une nouvelle vigueur. Ne tombons pas dans le piège des anathèmes et de la diabolisation : tentons plutôt de comprendre, de démonter les arguments malhonnêtes et les faux débats. En fait, pourrait-on dire, il n'y a de guerre entre Darwin et la Bible, comme entre Lucy et Ève, que dans l'esprit des créationnistes.

Ce livre est né de ma prise de conscience des grandes interrogations de notre temps quant à notre origine. À partir de quelques exemples vécus et de données frappantes portant sur l'ampleur de la réaction créationniste dans le monde, mais aussi dans notre pays – qui se croit à tort protégé –, on saisira mieux à quel point la rationalité et la pensée scientifique s'avèrent de moins en moins comprises et, pire encore, de plus en plus menacées. Sur quels arguments s'appuient les créationnistes ? Ils ne datent pas d'hier, mais quelles sont leurs formes contemporaines ? Et surtout, qu'est-ce qui permet de les récuser ? La théorie de l'évolution n'explique pas tout, ce n'est pas une vérité absolue établie une fois pour toutes – on verra au contraire qu'en son sein, les discussions et les désaccords sont nombreux –, mais elle ne s'en distingue pas moins radicalement de toutes les autres tentatives, mythologiques, religieuses, idéologiques, philosophiques, pour rendre compte de notre monde et de ce que nous sommes. Voilà, je crois, de quoi remettre le débat sur de meilleures bases. Tout cela plaide surtout pour un enseignement plus développé et plus résolu que jamais du vivant et de l'évolution. La France, pays laïque, se croit avantagée ; rien de moins sûr[1].

Mais le danger ne tient pas qu'à la réaction fondamentaliste contre ce que nous savons désormais de l'Homme. Il concerne la nature autour de nous, le globe sur lequel nous vivons. Comment en effet avoir une claire conscience des risques qu'impliquent le recul significatif de la biodiversité et le changement climatique si l'on ne comprend pas les mécanismes de l'évolution ? Sur ces plans, les rationalistes convaincus du progrès infini de l'Homme, « maître et possesseur de la nature », comme disait Descartes, rejoignent, qu'ils le veuillent ou non, les croyants qui se soucient bien peu du sort des autres espèces ou des aléas du climat ici-bas. Tous ne nous enseignent qu'une même attitude : le fatalisme. Or c'est précisément ce qui n'est plus de mise aujourd'hui face à certains problèmes globaux. Si la connaissance de l'évolution de l'Homme nous rend modestes – non, la nature n'a pas été organisée pour notre seul épanouissement –, elle nous apprend aussi la vigilance.

---

1. D'après une enquête et un sondage de la société canadienne Angus Reid, la France se distingue comme le pays ayant la plus faible proportion de personnes (23 %) estimant que « la religion est très importante pour elles dans leur vie quotidienne ».
Graig Worden, le vice-président d'Angus Reid, pense que, s'il existe des lignes de fracture géopolitiques entre l'islam et la chrétienté, une autre grande division se dessine entre les pays laïques et religieux (*Courrier international*, hors série, mars-avril-mai 2007).

Voilà pourquoi, là encore, l'enseignement de l'évolution me paraît si crucial.

« En raison de la mondialisation, du commerce international, des vols internationaux et d'Internet, tous les pays du monde partagent aujourd'hui des ressources et interagissent, tout comme le faisait la douzaine de clans de l'île de Pâques. L'île polynésienne était aussi isolée dans l'océan Pacifique que la Terre l'est aujourd'hui dans l'espace. Lorsque les Pascuans étaient dans une situation critique, ils n'avaient nulle part où aller, ni personne vers qui se tourner pour obtenir de l'aide, tels nous autres, Terriens contemporains, qui n'aurons non plus aucun recours extérieur si nos problèmes s'aggravent. Voilà pourquoi l'effondrement de la société de l'île de Pâques est comme une métaphore, un scénario du pire, une vision de ce qui nous guette », écrit Jared Diamond[2].

Oui, il y eut des hommes sur l'île de Pâques, et pas seulement des statues ; les premiers humains arrivèrent aux environs de 900 av. J.-C. Et il y eut des arbres ; les derniers disparurent entre le XVe et le XVIIe siècle. Ensuite, sur les terres désolées, il ne resta plus que les *moaïs*, ces gigantesques colosses de pierre pour contempler, indifférents, le crépuscule de la société pascuane. Verront-ils aussi le nôtre ? Les défenseurs de la supériorité de l'Homme dans un monde créé une fois par toutes par Dieu devraient y réfléchir…

---

2. Jared Diamond, *Effondrement*, Gallimard, 2006, p. 138.

Chapitre 1

BACKLASH :
TOUS CONTRE L'ÉVOLUTION !

Une des plus belles avancées des connaissances en sciences est aujourd'hui rejetée comme jamais auparavant. Le patient travail de recherche plus que centenaire qu'a accompli une communauté de femmes et d'hommes issus de différents pays, de différentes nations et de différentes cultures se retrouve contesté sur des fondements que l'on croyait révolus depuis longtemps. L'une des plus grandes contributions à la pensée moderne et universelle attachée à la laïcité est à nouveau reniée par l'obscurantisme : l'évolution.

Récemment, les journaux et certains médias se sont alarmés de la diffusion très ciblée, à plusieurs milliers d'exemplaires, d'un livre intitulé *L'Atlas de la Création*, écrit par un certain Harun Yahya. Cet ouvrage monumental de grand format comprend quelque sept cents pages et est magnifiquement illustré. L'auteur s'attache à démontrer que la théorie de l'évolution est erronée et que toutes les espèces connues actuellement sont restées inchangées depuis des milliards d'années car elles auraient été créées comme telles. Les arguments avancés sont aussi pauvres que fallacieux. Mais le véritable objectif de ce livre n'est pas d'argumenter ; il est de distiller le doute et de séduire. Il s'agit de semer la perplexité chez celles et ceux, hélas largement majoritaires sur la Terre, qui ne connaissent pas la théorie de l'évolution ; il s'agit de les éblouir en invoquant l'insondable beauté de la Création. Cela rappelle la phrase célèbre d'un pape : « Les vitraux sont la Bible des imbéciles. » De fait, les vitraux, comme ces livres d'illuminés, sont souvent superbes et aveuglent les ignorants de leurs mirages.

La France se réveille à peine, sonnée par ce coup porté par un auteur et une organisation fondamentalistes liés à l'islam. Après l'affaire du voile, après les événements dramatiques qui ont frappé l'Espagne et l'Angleterre, voilà encore une offensive islamiste qui, forcément, appelle la réprobation dans nos contrées laïques. Seulement, ce que les commentateurs soulignent peu, c'est que cette action de propagande remarquablement exécutée émane de Turquie, un des rares pays musulmans officiellement laïque. On oublie ainsi que cette menace venue de l'Orient s'inscrit dans un mouvement bien plus profond, bien plus ancien, bien plus organisé et issu d'Occident : le créationnisme porté par les évangélistes fondamentalistes américains.

L'Europe laïque, dont la France, se pensait à l'abri de ces controverses sorties d'un autre âge, tranquille quelque part entre l'Orient et l'Occident. Quelle erreur ! Les premières attaques se concentrent sur les sciences, tout particulièrement sur la théorie de l'évolution. Les avatars du créationnisme que sont la science créationniste et le dessein intelligent marquent le retour de forces de réaction qui ont pour seul but de saper la laïcité et d'installer de nouvelles formes de théocratie. L'enseignement et le contenu des programmes sont au cœur du conflit, en particulier l'enseignement de la biologie. Malheureusement, nous payons les conséquences de la faiblesse de l'enseignement de la théorie de l'évolution dans les programmes, faiblesse imputable à l'un des héritages les moins glorieux de la biologie française, qui traîne encore des relents d'antidarwinisme primaire. Autrement dit, la France, qui se croit protégée du créationnisme en raison du caractère sacré de la loi de 1905, se trouve fragilisée par d'autres croyances propices à l'affirmation du créationnisme et qui sont liées à une longue tradition vénérant toutes sortes de vitalisme et de finalisme, fortement ancrées en littérature, en philosophie, mais aussi… en science. Si notre pays peut mieux s'opposer que d'autres au créationnisme, il se montre très accueillant vis-à-vis du dessein intelligent. La faute à Voltaire ? Il est en tout cas urgent de rappeler ce qu'est la science et ce qu'est la théorie de l'évolution.

Au cours de notre histoire récente, l'instauration de la laïcité a incarné le passage à la modernité, dont la théorie

19

de l'évolution est l'un des piliers. Aujourd'hui, sa remise en cause ne passe pas par une attaque explicite de ses principes, ni même par une contestation de la science en général. Elle se manifeste fort habilement par la contestation des fondements scientifiques de la théorie darwinienne, non pas sur des critères épistémologiques, mais en lui attribuant des idées et des concepts fallacieux. Les inquisiteurs ne procédaient pas autrement ! Il est grand temps de repousser le voile qui s'abat sur la laïcité. Cela passe par l'enseignement, tout particulièrement de l'évolution de l'Homme, le seul récit scientifique et donc universel qui unisse les femmes et les hommes dans une même communauté d'origine par-delà leur diversité biologique et culturelle.

En moins de vingt ans, les antiévolutionnistes ont si bien œuvré que nos sociétés se trouvent confrontées à une sorte d'antiévolution qui menace la laïcité. Et cette belle endormie se réveille à peine pour réaliser que le mauvais rêve est un cauchemar bien réel.

Les pays occidentaux, tout particulièrement catholiques, ont connu par le passé des périodes dramatiques avant que la laïcité ne s'impose. Toutefois, la réaction la plus dure est venue des fondamentalistes protestants aux États-Unis. On se rappelle le « procès du singe » intenté à John Scopes en 1925, à Dayton, dans le Tennessee. Il a fini par être condamné à une amende de cent dollars pour avoir enseigné que « l'Homme était issu d'une espèce inférieure », ce qui allait à l'encontre d'une loi en vigueur dans cet État. À l'époque, la communauté scientifique s'est peu mobilisée alors même que ce procès avait beaucoup d'écho à l'échelon national des États-Unis. On a surtout cru que le problème ne concernait que le Sud « arriéré ». La suite des événements, en particulier plus près de nous, montre au contraire combien il est naïf de croire que la laïcité est un principe acquis une fois pour toutes. La communauté scientifique, hier comme aujourd'hui, peut être coupable par passivité. Car, pendant que les universitaires et les chercheurs se préoccupent de leurs statuts, de leurs crédits et de leur index de citation, ils abandonnent les enseignants devant les classes et les enjeux de société, préférant se lamenter ensuite de voir les jeunes ne plus embrasser les filières scientifiques. Assurément, la communauté scientifique a des leçons à prendre auprès des fondamentalistes en termes d'efficacité politique !

Voici le récit de quelques scènes qui m'ont confronté à ces problèmes et me paraissent significatives des évolutions récentes et des enjeux pour nous aujourd'hui. Ces dix dernières années en effet, je me suis retrouvé dans des situations parfois tendues autour des origines de l'Homme. Que le lecteur me pardonne ces témoignages qui pourraient sembler trop personnels. Telle n'est pas mon intention. Il s'agit plutôt d'évoquer la prise de conscience qui m'a conduit à écrire ce livre. J'aime cette phrase du philosophe Peter Sloterdjik : « Les livres sont de grosses lettres adressées à des amis que l'on ne connaît pas. » Ce livre est une lettre d'amitié à tous les laïques, qu'ils soient croyants, agnostiques ou athées.

De Mantes-la-Jolie à Montréal

Mantes-la-Jolie, 2002

Tout avait commencé par l'appel d'une enseignante de biologie en classe terminale. Elle exerçait dans un lycée de la grande banlieue parisienne et son cours sur l'évolution suscitait une forte opposition de la part de certains élèves. L'une, notamment, portait le voile. À l'évidence intelligente, elle récusait en particulier l'affirmation que « l'Homme descend du singe ». Déjà confrontée à la même difficulté l'année précédente, l'enseignante avait fait intervenir un collègue fort réputé, connu pour ses grandes connaissances sur Darwin. Mais les positions politiques de ce personnage avaient créé plus que de la gêne : lorsque, devant la classe, il avait affirmé que « la religion est l'opium du peuple », la réaction – légitime – de quelques élèves avait été aussi vive qu'indignée. La défense de la science et de la laïcité est un chemin pavé parfois de fausses bonnes intentions !

Je me trouvais donc face cette classe, bien préparée à me recevoir. À cette époque, juste avant ce qu'on a appelé l'affaire du voile à l'école, je disposais déjà d'une solide expérience de conférencier devant des publics divers, mais les personnes qui assistaient d'habitude à mes conférences s'intéressaient à la question des origines de l'Homme dans une perspective évolutionniste. Elles venaient sur mon terrain, elles en admettaient les prémisses. Cette fois, c'est moi qui m'aventurais sur un autre terrain. Or, quand on s'intéresse à l'éthologie, on sait ce que cela signifie. Au vu de ce qui s'était passé l'année précédente, il était évident que je ne pouvais pas ouvrir cette rencontre en opposant brutalement mon savoir de scientifique à leurs convictions, comme si j'avais moi-même affirmé une « foi » face à la leur. Il fallait commencer autrement. J'ai donc choisi de débuter en exposant les différentes façons dont les hommes, autrement dit les nations, les cultures, les ethnies, etc., ont interrogé le monde et se sont situés par rapport à lui au cours de l'Histoire, ainsi que de nos jours. Puis, j'ai présenté la démarche scientifique dans ce qu'elle a de particulier à cet égard. Et c'est seulement ensuite que j'en suis venu à nos connaissances sur les origines et l'évolution de l'Homme.

La jeune fille voilée assistait à mon intervention. Elle était assise juste en face de moi et, tandis que je parlais, elle est restée très attentive. À la fin, elle s'est levée et, tranquillement, s'est approchée. « Maintenant, j'écouterai le cours de biologie », a-t-elle déclaré.

L'enseignante qui avait eu l'idée de ces interventions souhaitait donner la parole à des personnes connues pour leurs compétences sur la question de l'évolution. Mais quelles compétences ? Connaître fort bien Darwin et son œuvre n'implique pas qu'on est au fait des recherches de pointe en biologie évolutionniste, et à plus forte raison en paléoanthropologie. Surtout, susciter un choc frontal entre deux systèmes de pensée d'emblée présentés comme rivaux n'est certainement pas la meilleure méthode, comme si chacun brandissait ses idoles : d'un côté Lucy ; de l'autre Adam et Ève. Et que le meilleur gagne ! À l'arrivée, pas d'échange possible.

Cette scène concernait des élèves de nos banlieues qui étaient de religion musulmane. Si certaines personnes refusent d'entendre un cours sur l'évolution en raison de leurs convictions religieuses, on ne connaît toutefois pas de mouvement organisé en France qui se mobilise pour changer les programmes scolaires au nom du Coran, comme on l'observe avec la Bible aux États-Unis. Toutefois l'envoi de plusieurs milliers d'exemplaires de *L'Atlas de la Création* à des établissements scolaires en France et ailleurs en Europe augure d'une offensive plus large.

Casablanca, 2004

L'Institut culturel français de Casablanca a organisé une série d'événements, dont des conférences, autour de l'évolution, de la vie et de l'Homme. J'y étais invité aux côtés de mon ami Axel Kahn. Il s'agissait d'intervenir dans des classes de lycée devant des élèves âgés de 14 à 16 ans. Il y avait là une assemblée de jeunes des deux sexes, accompagnés de quelques enseignants et d'un conseiller d'éducation. Ma venue avait été bien annoncée. Annoncée sans doute, mais pas vraiment préparée, car ils n'avaient jamais reçu d'enseignement sur l'évolution et encore moins sur celle de l'Homme.

Lorsque je suis monté sur l'estrade, j'ai ressenti l'incroyable distance qu'il y avait entre ces jeunes gens et moi, à la fois en raison des quelques mètres qui me séparaient des premiers rangs et aussi du fait de leur peu de notions du sujet que j'allais aborder. Il fallait donc que je leur parle des origines de l'Homme en m'approchant d'eux. Pas pour les bousculer ou violer leur espace de réserve, mais pour qu'ils sentent bien que nous sommes tous les enfants de cette même histoire, avec nos ressemblances et nos différences. Il y a eu très peu de questions : l'enseignement comme les relations entre le maître et l'élève au Maroc restent très formels ; la situation et le sujet étaient inhabituels pour eux. N'oublions pas non plus leur jeune âge.

Cependant, à la fin de la rencontre, le conseiller d'éducation s'est levé, tout droit dans sa grande robe. Et il m'a demandé : « Si je t'ai bien compris, tu es darwinien. » « En effet, je suis certainement l'un des anthropologues les plus darwiniens, même au sein de ma petite communauté scientifique », ai-je répondu. Alors il a dit ceci : « Tu es venu devant nous. Tu nous as dit ce que tu penses. Tu as parlé de l'Homme, de la science et de l'évolution. J'ai vraiment du mal à croire ce que tu nous as dit. Mais tu nous as respectés, nous dans nos croyances et les élèves dont tu t'es rapproché. Alors, si un jour tu repasses à Casablanca, je voudrais que tu viennes discuter avec mes amis. » Cet homme ne sera jamais darwinien ; je ne serai jamais croyant. Nous avons partagé un grand moment d'humanité.

25

Le soir s'est tenu un magnifique dîner chez madame la proconsul général de France. Nous sommes passés à table tardivement, car nous attendions la ministre en charge du délicat dossier de la réforme de la famille, qui comportait un volet important sur les droits des femmes. (La loi et la réforme ont finalement été adoptées.) Une partie de la discussion faisait suite aux interventions d'Axel Kahn et de moi-même ; en filigrane, ce qui revenait, ce n'était pas la question de la laïcité, c'était celle de la tolérance religieuse. Le Maroc a une longue tradition de tolérance religieuse ; tous nos amis marocains exprimaient leur profond sentiment de colère moins d'une année après l'attentat qui avait détruit une synagogue à Casablanca. Au Maroc, la liberté de la pratique religieuse s'accompagne du respect des autres croyances et d'une règle aussi implicite que fondamentale : ne pas faire de prosélytisme. Les seuls qui violent cette règle sont les musulmans intégristes – de plus en plus influents dans ce pays, cependant – et les fondamentalistes protestants. Croire que la religion musulmane contient en elle-même les germes de l'intolérance et de l'intégrisme serait aussi infondé qu'irresponsable. Ramener les menaces faites à la laïcité à une question de religion, et plus particulièrement d'une seule, serait tout simplement erroné.

Marrackech, 2005

C'est à l'initiative de l'Institut culturel français de Marrakech et de mon ami Alain Beresteski, le fondateur et le directeur de la Fondation 93, que j'ai participé à un cycle de conférences en trois parties : les origines de l'Univers par Daniel Khun ; celles de la vie par Michel Van Praët et celles de l'Homme par moi. Les deux premières interventions ont eu beaucoup de succès.

Mon ami le chorégraphe Michel Hallet-Eghayan, avec qui nous avons créé une trilogie dansée autour des origines de l'Homme, était invité aussi. Michel était arrivé quelques jours plus tôt pour développer un travail chorégraphique avec de jeunes danseuses et danseurs marocains. Une belle rencontre qui amenait à échanger, à discuter, à s'ouvrir les uns aux autres. Michel a évoqué son travail avec moi et, plein d'enthousiasme, il a raconté comment nous avions cherché à exprimer par la danse l'évolution du singe à l'Homme. Soudain, le miroir s'est brisé, comme si une onde de choc s'était répercutée dans tout l'Institut. L'agitation a été telle qu'on a même envisagé d'annuler ma conférence.

Pendant ce temps, Alain m'avait demandé de participer à son atelier sur la médiation scientifique devant un auditoire très attentif et très participatif d'enseignants. J'ai exposé ce qu'est l'évolution de l'Homme d'un point de vue scientifique. J'ai expliqué pourquoi ce sujet était si sensible car, bien avant Lamarck et Darwin, toutes les cultures humaines avaient inventé tout un éventail de récits évoquant l'origine de l'Homme et sa place par rapport à la nature, au cosmos (d'où le terme de cosmogonie). Récits mythiques, mythologies, religions, philosophies ont abordé cette question bien avant l'apparition des sciences modernes. Dès lors, si on confond ces registres, ces divers modes d'interrogation du monde, si on les met tous sur le même plan d'un point de vue épistémologique, on se heurte à de vives réactions. D'autant plus si le sujet abordé concerne l'Homme. Après les deux conférences sur les origines de l'Univers et celles de la vie, je ne pensais pas dire aussi vrai. Alors que les enseignants marocains ont félicité Alain et moi-même d'avoir ouvert les conditions d'une discussion difficile, voire impossible, par ailleurs, Michel s'est retrouvé dans un terrible embarras.

J'ai tout de même maintenu ma conférence, mais il est venu moins de monde qu'aux deux précédentes. Parmi le public, les enseignants et leurs amis, mais aussi quelques curieux. Un tiers de mon exposé a consisté en une introduction sur l'épistémologie et la science. Tout s'est bien passé, même si une partie du public a quitté la salle en silence, sans applaudir, mais sans incident, avant que ne s'ouvre une discussion plus légère. Un des membres de l'Institut, responsable de ma présence, m'a fait remarquer que l'introduction était un modèle d'exercice diplomatique. Peut-être parce que je n'avais pas cherché à présenter les résultats scientifiques de ma discipline en termes de foi s'opposant à une autre foi.

Le jour de ma conférence, je suis allé me balader dans le souk. Un marchand de bijoux me happe et, regardant mon épouse, me dit que je dois acheter un collier fait de perles d'ambre pour faire plaisir à ma « gazelle ». C'est de l'ambre authentique, vieux de six millions d'années, ajoute-t-il avec emphase. Une amie qui nous accompagne ne peut se retenir de lui révéler que je suis justement spécialiste de l'évolution et surtout de l'Homme. Une merveilleuse discussion s'engage. L'homme, fasciné par mon récit, me demande : « Et Adam et Ève ? » Même dans ma discipline, on parle encore d'Ève et d'Adam, mais d'une tout autre manière : il s'agit des origines de toutes les femmes et de tous les hommes d'aujourd'hui.

Montréal, 2004

C'est l'histoire du monsieur qui dit qu'il connaît un monsieur qui connaît un monsieur… J'ai eu le bonheur de coprésider pendant trois ans la manifestation Sciences et Société, organisée par le gouvernement du Québec et la France. C'était l'occasion de voyager avec des collègues français venant de disciplines très différentes et souvent fort éloignées de la mienne, mais aussi de faire la connaissance de chercheurs québécois ou encore de retrouver des amis connus lorsque je terminais mes études aux États-Unis. Toujours avec les mêmes partenaires et les journalistes de *Québec Sciences*, nous avons lancé les bars des sciences, comme celui que je présidais alors à Paris. Très chic du côté de Chicoutimi !

C'étaient des séjours aussi chaleureux qu'épuisants, sans ne serait-ce qu'une demi-journée de récupération de la descente d'avion jusqu'au retour. Les rencontres avec les étudiants, les bars des sciences, les interventions dans les médias m'ont permis de percer ce que cette société du compromis laisse peu transparaître. Depuis la « révolution silencieuse » des années 1960, la religion catholique est moins omniprésente, comme l'évoque si bien le superbe film *Les Invasions barbares* de Denys Arcand. Elle semble désormais un peu à côté des grands débats de société. Toutefois, la quasi-absence d'enseignement sur l'évolution est étonnante. Des amis et collègues de l'Université de Montréal m'ont demandé de faire quelques interventions, fort appréciées des étudiants, car ils n'abordent guère ces questions. De tout cela se dégage l'étrange sentiment, peut-être fallacieux, que les débats très vifs entre le créationnisme et l'évolutionnisme qui agitent le grand voisin plus au sud n'affectent pas le Québec. On ne peut que s'en féliciter. Mais, comme partout dans le monde occidental, les créationnistes progressent en sourdine et, lorsqu'ils seront assez organisés et forts pour chercher à imposer leur vision du monde, notamment sur les programmes scolaires, je crains que le beau consensus ne se brise et qu'il manque de personnalités assez au fait de ces questions pour s'y opposer.

Je ne prétends pas connaître le Québec et j'espère me tromper. Cependant, les réactions suscitées par mes interventions sont dénuées de toute ambiguïté. Sur Radio Québec, un auditeur, presque désespéré par la cohérence de mon discours, a lâché : « Laissez une chance aux croyants. » Je n'ai jamais tenu de propos hostiles à la religion et aux croyants. Ailleurs, dans un grand amphithéâtre, quelqu'un m'a déclaré : « Je vous ai bien écouté, mais j'ai mon beau-frère qui pense que tout est écrit dans la Bible. Ce texte dit la vérité alors qu'en science, ça change tout le temps. » Non, la science ne prétend pas dire la vérité une fois pour toutes ; oui, en science, ça change tout le temps. Nous verrons plus loin que tout est là.

Nancy, 1996

Mes pérégrinations sur le territoire national connaissent des phases régionales. Il y a une dizaine d'années, c'était le temps de mes interventions dans la belle capitale de la Lorraine. Le Muséum d'histoire naturelle a organisé une conférence ouverte au grand public, mais surtout destinée aux enseignants, aux étudiants et aux lycéens. Ce fut un grand succès, d'autant qu'Yves Coppens et moi-même venions de sortir un CD-Rom intitulé *Aux origines de l'Homme*, qui était fort apprécié.

Après ma conférence et les questions, un inspecteur pédagogique s'est approché discrètement pour me faire part de son embarras. Quelques semaines plus tôt, il avait organisé avec ses collègues une autre conférence ; cette fois, l'invitée était ma collègue Anne Dambricourt-Malassé. Elle venait de publier un article dans *La Recherche* intitulé « Un nouveau regard sur les origines de l'Homme ». Il avait soulevé une vive émotion : dans nos contrées anti-darwiniennes, son approche finaliste de l'hominisation, autrement dit l'idée que l'évolution serait un fil continu

31

dont l'Homme serait en quelque sorte la finalité et le couronnement, ne pouvait que soulever l'enthousiasme. La réaction avait été tout autre dans la communauté scientifique. L'article en question étant paru dans une revue scientifique réputée, les cadres de l'Éducation nationale impliqués dans les programmes et dans la formation des enseignants pouvaient tomber dans le panneau. C'est ce que venait de comprendre mon interlocuteur.

L'affaire n'a cessé de s'amplifier. Depuis maintenant dix ans, on assiste en effet en France à une remise en cause de l'évolution et plus particulièrement de celle de l'Homme dans le cadre des théories postdarwiniennes. Le soutien apporté par les médias et certaines institutions de la République à des personnes qui contestent Darwin et la sélection naturelle ne cesse de surprendre. De ce côté-ci de l'Atlantique, il est de bon ton de railler le créationnisme revendiqué et militant de multiples organisations américaines, et même du président des États-Unis. Cependant, à trop fustiger la paille dans l'œil de l'autre, on ne voit pas la poutre qui barre notre regard. Les mouvements actuels réunis autour du dessein intelligent rassemblent diverses obédiences qui dépassent les seuls créationnistes. Ces derniers, déboutés devant les tribunaux américains, avancent masqués derrière le concept de dessein intelligent, qui se nourrit de la longue tradition française antidarwinienne. Il est temps de balayer devant notre porte.

Petite géographie
du créationnisme

Le pèlerinage est un itinéraire vers l'accomplissement. Le voyage mène vers des découvertes et parfois de lentes révélations, comme celles qu'ont faites Charles Darwin et tous ses amis. Mes quelques pérégrinations m'ont amené à comprendre l'ampleur de la formidable réaction en cours contre la laïcité et la modernité. D'après la célèbre phrase, apocryphe, d'André Malraux, le troisième millénaire sera religieux ou ne sera pas. Je ne pense pas qu'il pouvait s'imaginer ce que serait ce début de XXIᵉ siècle.

Un rapport du Bureau international de l'éducation de l'Unesco, daté de 2003, fait état d'un retour de l'enseignement religieux dans plus de la moitié des cent quarante pays étudiés. C'est là une inversion de tendance considérable. En effet, dans les écoles primaires, entre 1920 et 1986, la part de l'enseignement religieux avait diminué pour ne plus représenter que 4,2 % des programmes scolaires. En quelques décennies, cette proportion à presque doublé, avec cependant de fortes disparités. Cet enseignement représente par exemple presque un tiers des programmes en Arabie Saoudite et au Yémen. Diverses instances internationales, comme le Conseil de l'Europe, s'inquiètent de cette tendance qui risque d'aller à l'encontre du dialogue entre les cultures et les religions. Il semble que l'espoir de bâtir une laïcité universelle soit menacé, et l'enseignement de l'évolution se situe au cœur de cet enjeu.

Dans le concert des réactions contre l'enseignement de l'évolution, la France jouit d'un héritage historique assez particulier. La loi de 1905 a solidement écarté l'enseignement religieux des programmes scolaires. L'enseignement dit confessionnel, qu'il soit sous contrat ou non, respecte les programmes. Du reste, si les Français se montrent très attachés à ces deux types d'enseignement, c'est peut-être précisément parce que la laïcité est respectée dans tous les établissements. Autre particularité de l'enseignement en France : son caractère national, qui le rend moins sensible aux influences de mouvements bien organisés.

Les nouveaux mondes

À l'inverse de la France, les États-Unis forment le bastion mondial du créationnisme. Dominique Lecourt, dans *L'Amérique entre la Bible et Darwin*, donne une analyse précise des fondements historiques puissants de la théologie naturelle et du créationnisme dans ce pays[1]. Jacques Arnould, dans *Dieu* versus *Darwin*, évoque avec précision la montée en puissance de ces courants[2]. Les premières réactions antiévolutionnistes apparaissent après la Première

---

1. Dominique Lecourt, *L'Amérique entre la Bible et Darwin*, PUF, 1998.
2. Jacques Arnould, *Dieu* versus *Darwin*, Albin Michel, 2007.

Guerre mondiale. William Jenning Bryan s'engage dans une action politique destinée à retrouver de « vraies valeurs ». Pour lui, les horreurs de la guerre, la révolution russe et tous les désastres de l'Europe résultent de l'athéisme dont l'un des piliers est la science et tout particulièrement le darwinisme. Il œuvre tant dans les États de la « ceinture biblique » (*Bible Belt*) que quarante-cinq actions sont menées pour interdire l'enseignement de l'évolution dans les écoles publiques. Seuls trois États légifèrent en ce sens et adoptent des lois qui « proscrivent l'enseignement de toute théorie faisant dériver l'Homme d'une espèce inférieure ». L'un d'eux est le Tennessee, ce qui aboutit au procès de John Scopes, le premier « procès du singe[3] ». Le jeune enseignant est condamné, mais la victoire des fondamentalistes est amère car ce procès très médiatisé laisse une image arriérée des États du Sud.

Dans les années qui suivent, les créationnistes tentent de s'organiser. Leurs divergences sur l'âge de la Terre, la signification des fossiles, le rôle du Déluge et l'épisode de l'Arche de Noé nuisent à leurs tentatives d'accommodement. Une autre voie se dessine avec l'idée de rapprocher la Genèse et la science grâce à des scientifiques, dont des ingénieurs. Après une première organisation intitulée Religion and Science (1935) suivent d'autres, comme l'American Scientific Affiliation (1941) ou encore le Geoscience Research Institute (1958). Ce bel élan se voit contrarié à

---

3. Voir chapitre 3.

cause d'un événement venu du ciel : le vol en orbite du premier Spoutnik !

L'avance technologique des Soviétiques amène l'État fédéral à créer la National Science Foundation et à renforcer l'enseignement des sciences, dont la biologie et la théorie de l'évolution, en plein essor à cette époque, avec la génétique. Le Texas demande une dérogation ; l'Arkansas réagit en imposant la lecture quotidienne de la Bible dans les écoles publiques[4].

Les créationnistes adoptent alors une autre stratégie : celle de la science créationniste. À la fin des années 1960, un groupe réunissant des scientifiques fonde le Creation Science Inc. et le Creation Scientific Research Center. Ce dernier a pour vocation de refonder les sciences sur l'idée de création divine. Il en sort des livres, des journaux, des périodiques et même des livres scolaires. Deux personnages se révèlent très actifs, Henry Morris et Duane Gish. Ce dernier donne des centaines de conférences aux États-Unis et dans le monde, et publie des livres à grand succès traduits dans les principales langues, dont le français. Leur activisme les amène à contrôler de plus en plus de conseils d'éducation à tous les niveaux, depuis les écoles jusque dans les plus hautes instances des États, la plupart du Sud. Des lois et des textes obligent à enseigner à temps égal en cours de science la théorie de l'évolution et la « science de la créa-

---

4. La Cour suprême annule cette loi en 1963, car elle est jugée contraire à la Constitution.

36

tion ». On en arrive au deuxième « procès du singe » de Little Rock, dans l'Arkansas au début des années 1980. Cette fois, les scientifiques sont mieux préparés et la loi est déclarée non conforme à la Constitution, puisque le Premier Amendement interdit l'enseignement de toute religion dans les écoles publiques (« Le Congrès ne pourra introduire aucune loi concernant l'établissement d'une religion ou interdisant son libre exercice »). La décision fait jurisprudence et entraîne l'abrogation par la Cour suprême en 1987 des lois du même genre adoptées dans d'autres États.

Le chercheur évolutionniste Niles Elredge pense la partie gagnée. Heureusement, la National Academy of Science constitue un comité spécial intitulé Science and Creation, qui publie un premier texte en 1984, puis un autre complètement remanié en 1999, dans lequel sont dénoncés les avancées des créationnistes, leurs pseudo-arguments et leurs méthodes fallacieuses. Enfin, puisque le terrain d'affrontement est l'éducation, le National Center for Science Education, installé à Berkeley, suit attentivement les programmes scolaires et leur mise en place. Cela n'empêche pas les manœuvres mesquines des créationnistes, qui éliminent les pages des manuels officiels traitant de la théorie de l'évolution, d'insérer des avertissements jetant un doute sur la théorie ou tout simplement de maintenir la pression sur les enseignants pour qu'ils évitent cette partie du cours.

La révolution conservatrice soutenue par Ronald Reagan dans les années 1980 et par George W. Bush aujourd'hui offre un fort soutien aux actions des fondamentalistes. Les deux présidents affirment qu'il serait utile pour les jeunes d'apprendre les différentes théories sur les origines du monde. Mais si l'Amérique est le creuset du créationnisme et du fondamentalisme, elle reste aussi une grande démocratie. Du deuxième procès du singe de Little Rock en 1982 à celui de Dover en Pennsylvanie en 2005, les principes fondamentaux de la laïcité ont été réaffirmés : ni la science créationniste ni le dessein intelligent ne répondent aux critères épistémologiques de la science et donc ne peuvent prétendre être enseignés en classe de science !

Déboutés sur le terrain de la science en raison de leur référence explicite à une religion, des scientifiques fondamentalistes inventent le concept de dessein intelligent dans les années 1990. La question est de savoir s'il s'agit d'une théorie alternative ou d'un néocréationnisme déguisé. Plusieurs livres à grand succès apportent leur contribution comme celui de Michael Denton, *Evolution : a Theory in Crisis* (L'Évolution : une théorie en crise), sorti en 1985. Arrive ensuite *Of Pandas and People* de Dean H. Kenyon et Percival Davis (1989), destiné à introduire l'enseignement du dessein intelligent dans les écoles et dont le titre fait référence au célèbre livre de Stephen Jay Gould intitulé *Le Pouce du Panda*, publié en 1982 et franchement antinomique avec la pensée créationniste[5]. Puis c'est au tour du professeur de droit Phillip Johnson de sortir *Darwin on*

---

5. Stephen Jay Gould, *Le Pouce du panda*, Grasset, 1982.

Trial en 1991[6]. Le gouverneur de l'Alabama le fait d'ailleurs envoyer à tous les professeurs de biologie de son État. Des scientifiques comme le biochimiste catholique Michael Behe s'engagent fermement avec *Darwin's Black Box* (La Boîte noire de Darwin) publié en 1996, suivi de *The Design Inference,* du mathématicien et philosophe William Dembski en 1998. L'une des dernières publications est *Darwin's Nemesis : Phillip Jonhson and the ID movement* par Rick Santorum et William Dembski, en 2006. Ce ne sont là que les principaux essais dont les auteurs sont des juristes ou des scientifiques qui ne sont pas des biologistes, sauf Michael Behe. Tous prétendent proposer une nouvelle théorie scientifique, le dessein intelligent, qui, curieusement, ne fait l'objet d'aucune publication dans les principales revues scientifiques sérieuses.

Toutes ces personnes s'organisent autour du Discovery Institute de Seattle créé en 1991. Avec à sa tête l'ancien conseiller de Ronald Reagan Bruce Shapman, il se dote en 1996 d'un centre de réflexion, le Center for Science and Culture. Le dessein intelligent recrute des scientifiques de différentes obédiences puisqu'on y trouve des fondamentalistes protestants, des catholiques et même des membres de la secte Moon. Qu'est-ce qui peut unir une société aussi disparate ? Philip Johnson donne la réponse : « Notre but ultime est d'affirmer que Dieu existe et de combattre Darwin. »

---

6. Phillip Johnson, *Le Darwinisme en question,* Exergue Pierre d'Angle, 1997.

Reste une double question : le dessein intelligent est-il une théorie scientifique ou bien n'est-ce qu'une version déguisée du créationnisme ? Le juge John E. Jones apporte les deux réponses dans ses conclusions du procès de Dover, le troisième procès du singe, en décembre 2005. D'une part, le dessein intelligent ne répond pas aux critères admis et courants de la science et, d'autre part, l'argumentation se révèle la même que celle avancée par la science créationniste[7]. On discute encore de la pertinence du terme « néocréationnisme » pour désigner le dessein intelligent, mais il ne fait aucun doute que le creuset est le même.

Les créationnistes et les adeptes du dessein intelligent ont créé des instituts fort bien financés et rodés à toutes sortes d'actions pour influencer les décisions, notamment à propos des programmes scolaires. Ceux-ci sont en effet définis par des commissions composées d'élus qui décident au niveau local (États, districts, villes, écoles). Leur volonté d'imposer dans un premier temps la science créationniste puis, plus récemment, celle du dessein intelligent dans les cours de biologie afin de contrebalancer la théorie de l'évolution a fort heureusement soulevé de vives réactions. L'ampleur de ces tentatives a été révélée par quelques procès récents et leur répercussion dans les médias a permis un réveil des laïques. Le dernier grand procès en date, celui de Dover en 2005, a suscité une mobilisation des électeurs qui, si les dernières élections se confirment, ont voté pour

---

7. Voir chapitre 3.

des représentants exprimant leur position laïque, dans le Kansas comme dans d'autres États.

Toutefois, l'influence des créationnistes américains se répand dans le monde. Ils soutiennent de nombreuses organisations en les finançant et en leur fournissant des documents – revues, livres, films –, dont certains sont adaptés au contexte des différents pays.

L'Australie se distingue comme un autre bastion du créationnisme. Quelques mouvements venus d'Angleterre dans les années 1930, comme l'Evolution Protest Movement, restent peu actifs avant l'arrivée dans les années 1970 de Duane Gish et Henry Morris (encore eux !). Ils adoptent la même stratégie avec la fondation de la Creation Literature Society, puis de la Creation Science Foundation, qui devient rapidement le deuxième centre de réalisation de documents et de diffusion au monde. Ils obtiennent une subvention du gouvernement australien. En 1997, l'État du Queensland autorise l'enseignement de la science créationniste dans les écoles publiques.

Un professeur de géologie de l'Université de Melbourne, Ian Plimer, intente un procès, qu'il perd. Il doit vendre sa maison pour payer les frais de justice et, depuis, il ne cesse d'être harcelé[8]. Ian Plimer s'oppose aux créationnistes et à leurs manœuvres troubles depuis plus de

---

8. En Australie comme aux États-Unis, beaucoup d'organisations sont fort riches, tout comme leurs leaders, et se montrent très efficaces pour collecter de l'argent auprès de leurs adeptes.

vingt-deux ans. Il publie en 1994 *Telling Lies for God* (Mentir au nom de Dieu), dans lequel il dénonce tous les mensonges, toutes les manipulations et les inexactitudes des créationnistes, dont ceux de l'Ark Search Inc., qui prétend avoir trouvé l'Arche de Noé en Turquie[9]. Un autre procès a été gagné cette fois, avec le soutien de sociétés de géologie et d'organisations laïques, comme la Libre-Pensée française. Hélas, comme aux États-Unis, l'offensive ne s'arrête pas pour autant. En 2005, plus de trois mille collèges australiens reçoivent des DVD sur le dessein intelligent édités par une organisation de Floride, le Campus for Christ. Le ministre fédéral de l'Éducation estime que le dessein intelligent peut être enseigné en classe de science, à la grande satisfaction de l'archevêque catholique George Pell, qui se réjouit qu'on sorte du « dogme de l'évolutionnisme ». Les liens avec l'Amérique sont solides quand on sait que Ken Ham (*Captain Creation*), d'origine australienne, est le directeur d'un institut créationniste basé à Florence, dans le Kentucky.

Il existe plusieurs associations créationnistes au Canada, même chez les francophones comme l'Association créationniste du Québec. Certaines personnalités commencent à s'alarmer dans cette province. Récemment, un responsable de l'enseignement a constaté que des écoles

---

9. On y retrouve avec surprise une référence au grand paléoanthroplogue Marcellin Boule qui aurait affirmé que le sinanthrope, le célèbre Homme de Pékin, n'était pas un homme fossile, mais un singe.

conventionnelles subventionnées ne respectaient pas les indications de la province pour les programmes scolaires dans l'enseignement de l'évolution et de l'éducation sexuelle. Le ministre canadien de l'Éducation a dû réaffirmer que les écoles doivent enseigner la théorie de l'évolution en biologie tout en constatant que, dans certaines provinces comme l'Ontario, les écoles indépendantes – donc non subventionnées – échappaient à cette obligation.

La vieille Europe

L'Europe de toutes les laïcités, le seul continent où l'observation des pratiques religieuses régresse depuis un siècle, commence à être touchée. En mai 2005, Maria Van der Hoeven, ministre de l'Éducation des Pays-Bas, a proposé qu'un grand débat soit organisé entre les évolutionnistes darwiniens et les défenseurs du créationnisme et du dessein intelligent.

Au cœur de l'Europe, la Suisse est loin d'être neutre. Elle accueille le premier congrès créationniste européen en 1984. Le Centre biblique européen produit des livres diffusés dans les communautés francophones. La Suisse alémanique n'est pas en reste, avec des organisations poussant l'enseignement du créationnisme sans oublier le projet d'un grand parc de loisirs baptisé Genesis Land.

Récemment, Tony Blair a jugé bon de se montrer rassurant face à la montée du créationnisme. Diverses organisations, comme le British Council for Science Education,

dénoncent des tentatives d'introduction d'un enseignement créationniste dans les écoles. Des instituts comme
Truth in Science témoignent de la montée en puissance
des créationnistes. La presse britannique, comme le *Finan-
cial Times*, se fait de plus en plus l'écho de l'activisme des
créationnistes.

En Allemagne, la responsable de l'éducation dans
l'État de Hesse, Karin Wolff, a déclaré qu'on devrait enseigner la théorie de la création biblique au même titre que la
théorie de l'évolution. Ce commentaire suscite des inquié-
tudes alors que, par ailleurs, on entend parler de plus en
plus du dessein intelligent. Même si l'évolution est enseignée dans les classes de biologie en Allemagne et même si
cet enseignement n'est pas menacé, il est évident que le
caractère fédéral de ce pays peut faciliter les tentatives
d'influence des créationnistes.

Plus au nord, la ville d'Umea en Suède a ouvert un
musée créationniste en 1996.

L'Autriche commence a s'agiter sous l'impulsion de
l'archevêque de Vienne Christophe Schönborn, proche du
pape Benoît XVI, qui mobilise des membres éminents de
l'Académie des sciences. Lors de diverses manifestations en
Europe et aux États-Unis, il a nié que l'Homme ait pu
émerger de l'évolution. Le père Georges Coyne, directeur
de l'Observatoire du Vatican, a critiqué cette idée. Depuis,
il a été remplacé à ce poste sans autre explication.

En Hollande, la proposition de la ministre de l'Éducation s'inscrit dans un contexte qui rappelle celui des États-

Unis. Si la théorie de l'évolution apparaît dans tous les programmes scolaires, même dans les écoles confessionnelles financées par l'État, certains responsables d'établissement enjoignent les enseignants à ne pas prendre parti pour la théorie darwinienne. L'idée fort discutable de la ministre est d'éviter les tensions avec des élèves issus d'autres cultures et de diverses religions, mal à l'aise avec l'évolution. Pour ses opposants, c'est une tentative de porter atteinte à la séparation de l'État et de l'Église. Des biologistes refusent de jeter la théorie scientifique de l'évolution dans l'arène des croyances, mais cela n'empêche pas des scientifiques spécialistes de la matière et des nanotechnologies d'admettre que l'idée de dessein intelligent est « scientifique ».

Des pays catholiques comme la Pologne ne sont pas épargnés. Le ministre délégué à l'Éducation Mirosaw Orzechowski, conservateur de droite, n'hésite pas à qualifier la théorie de l'évolution de mensonge. Le ministre Roman Giertych, politiquement proche et sensible au créationnisme, considère quant à lui que, tant que les biologistes soutiendront la théorie de l'évolution, elle sera enseignée dans les écoles. La communauté scientifique réagit et a produit un manifeste pour que l'enseignement de la biologie évolutionniste soit renforcé dans les programmes.

Plus à l'est, en Russie, des membres de l'Église orthodoxe, qui ont eu à subir des sévices de la part du pouvoir soviétique en raison de leur attitude religieuse, se montrent très sensibles aux thèses de la science créationniste et du dessein intelligent. Le mur de Berlin à peine tombé, divers colloques théologiques se sont tenus à Moscou auxquels ont participé des fondamentalistes américains et des créationnistes français. Il y a quelques semaines, le patriarcat de Moscou a contesté le monopole de la théorie de l'évolution sur l'histoire de l'Univers et de la vie.

En Italie, la communauté scientifique s'est émue de la disparition de toute référence à l'évolution dans les nouveaux programmes des classes moyennes de 2004. La ministre de l'Éducation Letizia Moratti a soutenu que l'éducation doit privilégier les narrations fantastiques pour favoriser l'approche du fait scientifique. Karl Popper doit se retourner dans sa tombe ! Selon la belle expression de Michel Serres, l'évolution n'est-elle pas « le plus grand récit », car il ne sera jamais achevé et unit toutes les communautés humaines ?

Les médias ne cessent de rapporter d'autres prises de position ou de simples commentaires de hauts responsables politiques issus de divers pays d'Europe comme en Finlande, en Grèce, en Hollande, en Serbie, en Italie et ailleurs. Ainsi, même le continent qui semblait le plus assuré dans ses différentes formes de laïcité commence à connaître les premiers assauts du créationnisme et de sa forme plus subtile, le dessein intelligent.

L'islam et ailleurs dans le monde

Au Kenya, l'archevêque évangéliste Bonifes Adoyo a mené une campagne pour que le Muséum national de Nairobi réduise la place consacrée aux origines de l'Homme. Ce pays a livré la plus riche collection de fossiles témoignant des origines et de l'évolution de la lignée humaine, depuis *Orrorin*, daté de 6 millions d'années, jusqu'aux origines de l'Homme moderne. Il est piquant de constater que les créationnistes, qui prétendent que l'évolution n'est qu'une théorie et non pas un fait, s'activent pour que l'on dissimule… les faits. L'archevêque kenyan se comporte comme ses amis créationnistes américains au début des années 1980 lorsqu'ils exigeaient que le Smithsonian Institute de Washington ouvre une galerie sur la création à côté de ses grandes expositions sur l'évolution. Aux États-Unis, en Suède et ailleurs apparaissent de plus en plus de musées de la création.

Mais la fièvre créationniste atteint aussi les pays musulmans. Or, d'après le scientifique Ehsan Masood, l'islam n'était pas hostile au livre de Darwin à la fin du XIXᵉ siècle. Il en va autrement de nos jours depuis que les libelles, les pamphlets, les livres, les films et les documents de tous genres produits par les fondamentalistes chrétiens critiquant la théorie de l'évolution au nom du créationnisme inondent les pays musulmans, tandis que les scientifiques évolutionnistes hésitent à afficher leur pensée. C'est ainsi que des musulmans adoptent une attitude prônée par des fondamentalistes chrétiens par ailleurs très hostiles à l'islam ! Les voies du dessein intelligent sont décidément impénétrables.

Même la Turquie, un des rares pays musulmans officiellement laïques depuis l'instauration d'une république par Mustafa Kemal Atatürk en 1923, est confrontée à des mouvements créationnistes de plus en plus actifs. La séparation entre l'État et la religion a conduit à de profonds changements dans l'éducation, l'enseignement religieux disparaissant des programmes alors qu'apparaît celui de la théorie de l'évolution. Cependant, divers changements politiques survenus au cours des dernières décennies ont redonné vigueur aux groupes religieux, dont certains plus fondamentalistes. C'est dans ce contexte qu'Adnan Oktar crée le BAV (Bilim Arastima Vakfi), avec le soutien du sénateur très conservateur Necmettin Erbakan. Son principal objectif vise à éliminer l'enseignement de l'évolution. Déjà au cours des années 1980, le ministre de l'Éducation Vehbi Dinceler avait pris contact avec l'Institute for Creation Research (ICR), en Californie. Le BAV en fait autant et traduit des livres qui « prouvent scientifiquement » la création[10]. Dès 1992, le BAV reçoit la visite de Duane Gish et de John Morris. Il organise de grandes conférences contre l'évolution à Istanbul et à Ankara en 1998, auxquel-

---

10. Les contacts entre ces organisations se tissent aussi dans le cadre de divers projets menés pour retrouver les vestiges de l'Arche de Noé sur le mont Ararat.

les participent des créationnistes américains. Sans surprise, les méthodes et les objectifs se calquent sur ceux de l'ICR : publications, films, conférences et lobbying politique. Le message à l'encontre de Darwin devient franchement virulent. Il apparaît comme l'incarnation du Diable et le responsable de tous les désastres du XXe siècle.

Le BAV dispose de moyens considérables comme en témoigne *L'Altlas de la Création*, ouvrage monumental, envoyé gratuitement à des milliers d'exemplaires en Europe et tout particulièrement en Allemagne et en France. Qui se cache sous le nom d'Harun Yahya ? N. Erbakan, A. Oktar ou plus certainement un groupe de travail au vu du nombre de livres édités, traduits en plusieurs langues et expédiés dans divers pays. D'où viennent leurs moyens financiers et surtout comment se sont-ils procuré les listes de noms et d'adresses ?

Si l'émergence d'un créationnisme musulman si bien structuré en Turquie inquiète, ce pays reste une démocratie. Le parti religieux Fazilet tente, comme en 1999, d'imposer un amendement contre l'enseignement de l'évolution. Mais l'Académie des sciences (TUBA) et le Conseil national pour la recherche scientifique et technique (TUBUTAK) réaffirment leur soutien pour cet enseignement. Le BAV réagit avec une campagne de diffamations et de menaces envers les scientifiques qui s'opposent ouvertement à leurs manœuvres. Ces derniers intentent un procès, gagné en 1999.

Et en France ?

Jusqu'à présent, les créationnistes sont demeurés discrets dans notre pays. La loi sur la laïcité de 1905 consacre une rupture très ferme entre l'État et l'Église, sans oublier un fond antireligieux et anticlérical bien affirmé. Il existe cependant un Cercle d'études historiques et scientifiques (CESHE), créé en 1980 et fort de plus de six cents membres. Comme ailleurs dans le monde, ce groupe se sent poussé par le mouvement de fond initié par les fondamentalistes américains. Certains de ses membres sont très remontés contre l'Académie pontificale des sciences composée, d'après eux, de « deux tiers d'athées évolutionnistes qui sabotent le christianisme ». Ils n'acceptent toujours pas la communication du pape Jean-Paul II qui, devant cette même académie, a admis en 1996 que la théorie de l'évolution est « plus qu'une hypothèse ». On est cependant loin d'une franche adhésion à la théorie de Darwin. Mais comment s'étonner d'une telle réaction de la part de personnes qui regrettent la réhabilitation de Galilée ?

L'un des fondateurs du CESHE se nomme Guy Berthault. Polytechnicien de formation, ayant fait carrière dans la grande distribution, il n'a pas hésité à proposer une nouvelle théorie de la formation des couches géologiques (la restructuration stratigraphique), qui a donné lieu à deux publications dans les *Comptes rendus de l'Académie des sciences* de Paris, en 1986 et en 1988. Son obsession : montrer que l'âge de la Terre est récent et que cela s'accorde avec les textes de la Genèse, ce qui est l'un des sujets de prédilection des créationnistes stricts. Berthault ne cesse d'en appeler à un tel imprimatur, de sorte que ses travaux sont cités par les créationnistes du Québec, de Russie et d'ailleurs, sans compter ses excellentes relations avec l'ICR aux États-Unis. Comment un créationniste a-t-il pu battre la tribune des assemblées de géologie en scandant que toutes les disciplines des sciences de la Terre s'étaient trompées et que, par conséquent, la théorie de l'évolution était une élucubration insensée ? Berthault se présente comme le fondateur d'une « nouvelle géologie ». Très habile, il a embarrassé l'Académie des sciences et la Société géologique de France, qui ont fini par réagir, notamment en avertissant d'une note explicite l'Académie pontificale du caractère très contestable et contesté des « travaux » de M. Berthault. Reste une question : comment a-t-il pu publier deux notes sous le patronage de l'Académie des sciences ? Deux réponses à cela. Premièrement, les notes publient des résultats et aussi des hypothèses qui semblent intéressantes, mais qui n'ont pas encore fait l'objet d'une étude scientifique aboutie. Il y a eu tout de même négligence sur ce point. Deuxièmement, cela démontre combien des personnages assez habiles peuvent contourner et utiliser une institution non alertée de la montée du créationnisme, comme c'était le cas à l'époque. En tout cas, cela fait deux publications largement citées par la science créationniste !

Le problème en France vient moins des créationnistes que de toutes sortes de sensibilités attirées par le dessein intelligent. C'est là que l'on rencontre Jean Staune et l'Université internationale de Paris (UIP), qui succède en 1995 à l'Université populaire de Paris (UPP), laquelle organisait des conférences sur le « but de l'Univers » ou l'« anthroposophisme » dans le cadre d'un vaste programme finaliste visant à rationaliser la quête de sens. Malgré son titre ronflant, il s'agit en fait d'une organisation qui promeut la quête de sens dans l'Univers. Elle organise des conférences et des colloques, notamment à la Sorbonne, au Sénat ou à l'Unesco, qui attirent des chercheurs et des universitaires de renom. Certains y participent en toute conscience, d'autres se trouvent surpris lorsqu'on les avertit de l'objectif poursuivi par l'UIP[11]. Jean Staune, son secrétaire général, est incontestablement très habile et universaliste... puisqu'il se présente comme diplômé de mathématiques, d'informatique, de paléontologie humaine, de management et d'économie. Il se targue même du titre de maître de conférences à HEC, ce qui n'a jamais été le cas. Aujourd'hui, la quête de sens de Staune et le combat entre le spiritualisme et le matérialisme sont bien connus, mais

---

11. À ne pas confondre avec l'IPU (Invisible Pink Unicorn), autrement dit le mouvement de la Licorne rose invisible, dont les fondements épistémologiques, la quête de sens et les objectifs sont exactement les mêmes. Dans le même registre du pastiche du dessein intelligent, citons le pastafarisme. Les adeptes du « culte réformé de la pasta » professent que l'Univers a été créé par le Monstre en spaghettis volant. Ils ont été évidemment touchés par la grâce de son « appendice nouillesque ».

cela a demandé une dizaine d'années. Bien qu'il s'en défende, sa pensée adhère à une sorte de « créationnisme mou » et, plus sûrement, au dessein intelligent. Sinon, comment expliquer le soutien financier de la très créationniste fondation Templeton[12], dont Jean Staune est conseiller ?

Comme pour le dessein intelligent aux États-Unis, l'UIP s'assure de la participation de philosophes et de scientifiques, dont des prix Nobel, qui partagent tous une même caractéristique : ils ne sont pas biologistes. Parmi eux se trouvent nombre de physiciens, des chimistes, des biochimistes, des mathématiciens, des ingénieurs et des astrophysiciens[13]. Quant aux rares personnalités en rapport avec les sciences de la vie, elles affichent clairement leurs convictions antiévolutionnistes. Une mention spéciale toutefois pour Anne Dambricourt-Malassé, membre du conseil scientifique de l'UIP. Elle a préfacé la traduction française du manifeste du dessein intelligent dû à Phillip

---

12. L'objectif de cette fondation est d'établir « un dialogue entre sciences et religions » (Unesco, colloque « Science, spiritualité et religion », avril 2002 ; voir Hervé Chuberre, *Le Nouvel Observateur*, HS 61, décembre 2005-janvier 2006). Une sorte de nouvel humanisme spiritualiste, en somme. L'intervention est louable, mais de quel dialogue s'agit-il ? En fait, il est difficile, car le spiritualisme ne relève pas de la science.
13. Je recommande de consulter la liste des quelque six cents personnalités scientifiques qui ont signé la pétition des « dissidents du darwinisme » sur le site du Discovery Institute : les biologistes sont très discrets ! On n'y trouve que de rares paléontologues, comme Anne Dambricourt-Malassé.

Johnson. En 2000, elle publie *La Légende maudite du XXᵉ siècle : l'erreur darwinienne*[14]. Paléoanthropologue au CNRS et au Muséum d'histoire naturelle de Paris, elle propose « un nouveau regard sur les origines de l'Homme » et ne manque pas de se référer à une note publiée à l'Académie des sciences. Les « travaux » de Dambricourt-Malassé ont été publiés et soutenus par le magazine *La Recherche* pendant la période, désormais révolue, où la rédaction avait adopté une attitude antidarwinienne. Ce magazine fait partie d'un groupe de presse sensible à des valeurs catholiques qui l'amènent à soutenir des articles et des livres opposés à la théorie darwinienne de l'évolution, surtout à propos des origines de l'Homme. Ailleurs, c'est une maison d'édition très sérieuse qui a publié la traduction du livre de Michael Denton *L'Évolution : une théorie en crise* et, plus récemment, ceux de Vincent Fleury, de l'université de Rennes, *Des pieds et des mains* (2003) et *De l'œuf à l'éternité* (2006). Dans ce dernier, on lit avec étonnement qu'il n'est pas nécessaire de poursuivre les recherches en paléoanthropologie, car de nouveaux fossiles ne changeraient pas le dessein de la vie. Heureusement, cette maison possède aussi dans ses catalogues des titres « darwiniens », dont *L'Origine des espèces*. Fleury a donné une conférence à l'UIP en mars 2007.

---

14. Anne Dambricourt-Malassé, *La Légende maudite du XXᵉ siècle*, Nuée bleue, 2000.

Cet organisme attire aussi des cosmologistes célèbres, dont Trinh Xuan Thuan[15], membre de la première heure, qui contemple le ciel autant pour des raisons scientifiques que pour y trouver du sens. En plus des créationnistes et des néocréationnistes, voilà donc quelques bouddhistes. Quel œcuménisme ! Darwin est grand ! Et ses ennemis sont nombreux...

Récapitulons les points forts d'une situation actuelle qui ressemble à une vieille histoire. Au cours du XXe siècle, le siècle de la laïcité, les courants fondamentalistes protestants se sont organisés et renforcés dans le but d'imposer leur vision créationniste du monde. Ils ont réveillé et suscité des attitudes comparables dans toutes les religions du Livre, jusqu'alors peu sensibles aux thèses créationnistes. Pour l'heure, leurs actions se concentrent sur l'éducation et plus précisément sur l'enseignement de la théorie de l'évolution en biologie. Pourquoi les enfants sont-ils visés ? Avant tout parce qu'ils se montrent très sensibles à ce genre de fables. Hier comme aujourd'hui, ils sont la cible de tous les endoctrinements. « Ne sous-estimons pas la probabilité qu'une éducation constante à la croyance en Dieu dans l'esprit des enfants ne produise un effet si puissant, qui peut être héréditaire sur leurs cerveaux incomplètement développés. Il leur serait aussi difficile de rejeter la croyance en Dieu qu'à un singe d'abandonner sa haine et sa peur instinctive du serpent », écrivait

---

15. Il préface le prochain livre de Jean Staune.

Darwin[16]. Ce faisant, ces fondamentalistes n'hésitent pas à présenter des pseudosciences comme la science créationniste et le dessein intelligent. Ils s'avèrent très doués pour toutes sortes de manipulations et arrivent à recruter des scientifiques – les uns à leur insu, les autres en toute conscience – afin d'imposer leur vision du monde.

Un enjeu crucial : l'enseignement de l'évolution

Le biologiste évolutionniste Niles Elredge était convaincu après le deuxième procès du singe de Little Rock que le débat évolution contre création était définitivement réglé, en tout cas quant aux prétentions des créationnistes à interférer dans le cadre de l'enseignement. Lorsqu'il a publié *Les Créationnistes* en 1996, Jacques Arnould n'imaginait pas un tel retour en force[17]. Michael Ruse, épistémologue et philosophe des sciences, témoin important dans le cadre du procès de Little Rock, clôture un article de 1999 ainsi : « Échos lointains de la vieille bataille… À la veille du troisième millénaire, il serait bien naïf de croire que le conflit qui oppose sciences et religions, le darwinisme et le christianisme, n'est plus que de l'histoire ancienne. Seul

---

16. Charles Darwin, *Autobiographie*, Belin, 1985.
17. Jacques Arnould, *Les Créationnistes*, Le Cerf, 1996.

l'avenir nous dira s'il s'agit là des derniers sursauts de l'ancien volcan ou des signes d'une éminente éruption. » Je crains que le cataclysme ne soit en cours et que ses dévastations ne dépassent l'opposition sciences/religions pour embraser la laïcité.

Quelle leçon tirer de ce rapide survol du problème tel que je l'ai personnellement ressenti ? Ce chapitre s'ouvre par une confrontation avec des élèves musulmans et se termine par l'évolution inquiétante d'une nouvelle forme de créationnisme dans les pays de l'islam. Pourtant, la religion musulmane ne comporte ni de tradition antiscientifique ni de mouvement créationniste. L'arrivée massive de *L'Atlas de la Création* de Harun Yahya suscite une prise de conscience soudaine dans notre pays. Est-ce à cause des trop nombreuses oppositions rencontrées par des enseignants de biologie ? Cela ne se passe-t-il pas dans des collèges et des lycées de banlieue ? D'ailleurs, beaucoup de ces élèves n'ont-ils pas des parents ou des grands-parents issus de l'immigration ? L'islam ne représente-t-il pas dorénavant la deuxième religion de notre pays ? On peut poursuivre la liste de cet amalgame qui mêle les problèmes confessionnels, historiques, sociaux et éducatifs.

Que les choses soient claires : les musulmans ne sont pas hostiles à la laïcité. Mais si, dans ce contexte, l'enseignement de l'évolution de l'Homme se présente comme une atteinte frontale, alors il y a refus, opposition, conflit. Que nous soyons croyants, pratiquants, athées ou agnostiques, nous appartenons à des cultures issues souvent du même creuset historique, ce « fait religieux » occulté au nom d'une conception intégriste de la laïcité de combat d'il y a un siècle, ce « fait religieux » dont Régis Debray a suggéré de promouvoir l'enseignement. Alors, si des élèves se sentent attaqués dans leur identité culturelle, la réaction ne peut être qu'une forme de radicalisation, un cercle infernal dont la laïcité ressort meurtrie. La laïcité, ce n'est pas imposer un modèle d'assimilation, comme on faisait de l'« acclimatation » pour les animaux, c'est-à-dire en forçant à abandonner ses racines culturelles. Voilà la première leçon pour sauver la laïcité, seul espace possible pour que des hommes et des femmes différents puissent tisser des liens.

Nous sommes confrontés à un problème beaucoup plus ancien et que l'on croyait révolu : celui de l'activisme fondamentaliste. Latent dans toutes les religions du Livre, il est fortement ancré dans la tradition évangéliste. Tous les évangélistes et les protestants n'adhèrent pas aux différentes formes de créationnisme. Mais, après plus d'un siècle d'activisme, ce mouvement agit grâce à une organisation redoutablement efficace, des activités éditoriales et médiatiques intenses, des financements importants et des alliances politiques solides. Sa première cible est la théorie de l'évolution héritée de Charles Darwin. Pourquoi ? C'est justement l'objet de ce livre. Fort habilement, les créationnistes et les néocréationnistes s'en prennent à une théorie scientifique récente qui, contrairement aux autres, interfère de manière très sensible et directe avec d'autres modes de pensée. Mais ce n'est pas tout. Si la théorie de l'évolution se prête à ces agressions, c'est parce qu'elle a toujours été trop peu et trop mal enseignée, notamment en ce qui concerne ses assises épistémologiques. L'enseignement étant au cœur de ces controverses, il n'est que temps de rappeler ce que sont la théorie de l'évolution et ses enjeux, en la présentant non pas, comme on veut le faire croire, comme « une interprétation du monde parmi d'autres », mais comme un corpus de connaissances fondamentales pour l'avenir de notre monde laïque.

Chapitre 2

ÉVOLUTION DE L'HOMME :
MYTHES ET RELIGIONS

Les créationnistes et les adeptes du dessein intelligent s'en prennent précisément à la théorie de l'évolution. Ils opposent la création à l'évolution en évitant, avec beaucoup de précautions, une confrontation entre la science et la religion. Cela appelle quelques précisions. La première est que le créationnisme n'existe que dans les religions du Livre. Deuxièmement, le créationnisme admet une grande diversité d'attitudes au sein de chaque religion, même chez les fondamentalistes protestants. Troisièmement, le fait que les créationnistes aient réussi à recruter des partisans dans le monde scientifique, mais aussi chez les philosophes, au travers du dessein intelligent, implique qu'ils se réfèrent à des concepts qui n'appartiennent pas seulement à la religion.

Autrement dit, on pourrait penser que les créationnistes, les néocréationnistes et les partisans du dessein intelligent se rejoignent sur un certain nombre de concepts qui, s'ils se retrouvent dans les fondements de ces religions, appartiennent aussi à d'autres modes de pensée venant des mythes, de divers systèmes philosophiques et aussi de différentes disciplines scientifiques. Pour autant, la diversité des modes de pensée de tous les contempteurs de la théorie de l'évolution ne laisse de surprendre, ce qui récuse l'idée d'une adhésion à des concepts partagés ou à des valeurs communes, comme ils voudraient le faire croire. En fait, tous les adversaires de la théorie de l'évolution s'unissent sur un même front du refus et de l'incompréhension vis-à-vis de quelques concepts fondamentaux liés à l'évolution, comme le hasard, la sélection naturelle, la contingence et l'absence de finalité.

Les origines du monde

Le propre de l'Homme réside certainement dans le besoin de construire une relation symbolique avec le monde. Toutes les populations humaines ont un langage, une culture et une cosmogonie, c'est-à-dire un récit oral ou écrit qui raconte de façon cohérente d'où elles viennent et ce qui les entoure, le cosmos.

On ne sait rien des plus anciennes cosmogonies qui, si on les associe à des formes d'expression artistiques ou, plus anciennement encore, aux sépultures et aux rituels des morts, remontent à plusieurs centaines de milliers d'années. Pour autant, ce questionnement fondamental constitue le creuset d'une diversité fascinante de récits des origines. Les uns empruntent souvent aux autres puisqu'on retrouve des concepts mythiques récurrents comme le pilier du monde, les eaux primordiales, l'œuf cosmique, la séparation du Ciel et de la Terre, le paradis perdu, la création à partir d'un être anthropomorphe ou encore par le verbe ou le souffle, le plongeon chamanique, etc. Il y aurait ainsi une phylogénie des récits mythiques comme il y en a une des langues qui les narrent[1].

Les cosmogonies offrent aussi des similitudes dans leur organisation comme dans le rapport entre l'Homme et le cosmos. En termes de structure, les récits des origines se calquent sur notre propre venue au monde : une première période, souvent chaotique, au cours de laquelle tous les éléments du monde se mélangent ; puis une rupture, souvent violente, suivie par la mise en place du monde tel qu'il nous entoure. Cette analogie avec notre vie *in utero*, notre naissance et notre enfance peut sembler quelque peu réductrice, mais on la retrouve dans presque toutes les cosmogonies. L'autre caractéristique commune est l'anthropocentrisme : le monde environnant se présente à notre

---

1. Claude Lévis-Strauss appelle ces thèmes récurrents des mythèmes ; d'un point de vue évolutionniste, ce sont les « mèmes » de Richard Dawkins (voir Pascal Picq, *Palabres*, conférence-spectacle).

échelle, selon des grandeurs à notre dimension à la fois dans l'espace et dans le temps. Il en va autrement du monde ou des mondes de l'au-delà, ou encore des mondes des esprits par-delà notre environnement physique limité à notre existence terrestre. Quant au cosmos, soit il est fixe, immuable, soit il passe par des cycles récurrents avant d'atteindre un état définitif et stable, souvent après la mort. Les mythes et les religions offrent des passerelles entre le monde terrestre et les autres mondes.

Philippe Descola dégage quatre ontologies fondamentales : le naturalisme, le totémisme, l'animisme et l'analogisme[2]. Ce carré ontologique fondamental décline quatre types de relations entre le corps, l'esprit et le monde.

Le *totémisme* : l'être, son corps et son esprit, se retrouve dans une autre entité qui est une espèce, le totem. Les peuples qui adoptent ce type de croyance sont principalement les Aborigènes d'Australie et les Amérindiens d'Amérique du Nord.

L'*analogisme* : aucune entité du cosmos ne s'identifie au corps ou à l'esprit, bien qu'il existe quelque part un élément du cosmos qui puisse me représenter. L'astrologie est un exemple d'analogisme. Il est particulièrement dominant chez les peuples d'Amérique centrale.

---

2. Philippe Descola, *Par-delà nature et culture*, Gallimard, 2005.

L'*animisme* : tout ce qui constitue l'intériorité ou l'esprit se retrouve chez les autres êtres vivants, les animaux et parfois les plantes. Les différences sont dues à des variations de formes. Les structures des organismes contraignent l'expression de l'esprit. L'animisme, qui n'a rien à voir avec l'anthropomorphisme consistant à projeter des propriétés humaines sur d'autres espèces, est très répandu chez les peuples traditionnels (Sibérie, Afrique du Sud, peuples d'Amazonie), mais aussi dans des civilisations comme le Japon et d'autres peuples d'Asie.

Le *naturalisme* : le corps possède une matérialité qu'il partage avec les autres organismes vivants. En revanche, l'esprit ou l'âme proviennent d'ailleurs. C'est le mode de pensée dominant des peuples du bassin méditerranéen et du Livre. Le monothéisme est fondamentalement naturaliste, comme toutes les formes de pensée liées à la transcendance.

Ces quatre ontologies fondamentales n'épuisent pas toutes les possibilités. Les modes de pensée des différentes cultures ne se réduisent pas à l'une ou à l'autre. Si le naturalisme domine dans les religions et les philosophies du bassin méditerranéen, les personnes qui nous entourent peuvent croire à l'astrologie, à la numérologie, à la chiromancie, etc. ; elles se laissent séduire par l'analogisme. Elles peuvent aussi attribuer des intentions à une machine qui refuse de fonctionner, à des clés qui s'amusent à changer de poche, ou encore attribuer certaines pensées à leur chat (animisme).

Anecdotique chez les adultes, l'animisme est très développé chez les enfants avec leurs jouets, surtout les peluches, et leurs animaux domestiques. Sous l'influence de la culture japonaise qui se répand à travers les dessins animés, les jouets électroniques et les jeux vidéo, l'animisme technologique a tendance à se renforcer dans le monde occidental.

Si j'évoque ces modes de pensée, c'est tout simplement parce qu'une théorie scientifique a d'autant plus de chances d'être acceptée qu'elle épouse l'ontologie dominante d'une population et, inversement, d'être rejetée si elle s'y oppose. Je voudrais en donner deux exemples : l'éthologie et la culture japonaise ; la théorie de l'évolution et la pensée occidentale.

Patates et évolution

Imo et les patates douces. Sur l'île de Koshima au sud du Japon, on a pour habitude de nourrir les macaques en leur donnant des patates douces. Les Japonais respectent ces singes et aiment les observer. Une femme âgée a remarqué un jour qu'une femelle procédait différemment des autres : au lieu de croquer les patates immédiatement, ce qui est désagréable sous la dent à cause des grains de sable, elle les emportait dans la rivière pour les nettoyer. Plus tard, elle en a fait de même dans l'eau de mer, ce qui leur donnait un goût salé. L'observatrice a signalé ce comportement à des naturalistes, qui ont alors décidé de développer un programme de recherche.

Cette femelle macaque portait le nom d'Imo, ce qui signifie *patate* en japonais. Comme elle était de niveau inférieur dans la hiérarchie du groupe, son comportement innovant ne s'est tout d'abord transmis qu'au sein de son clan familial. Mais, avec le temps et au fil des générations, tout le groupe a fini par adopter cette habitude, qui est devenue de tradition moyennant quelques variantes. Les chercheurs japonais ont ainsi pu, pour la première fois, évoquer l'idée de « protoculture » chez les singes. Il faudra toutefois plus de vingt ans pour que les éthologues occidentaux considèrent sérieusement cette hypothèse.

La religion dominante du Japon est le shintoïsme, qui est une forme d'animisme. Dès lors, le fait que des macaques puissent manifester des aptitudes mentales ne trouble guère. En revanche, c'est une autre affaire face à des Occidentaux de culture naturaliste (sans oublier leur arrogance coutumière). C'est la raison pour laquelle les travaux des éthologues japonais n'ont pas été pris au sérieux par la communauté scientifique internationale, dominée par les Occidentaux. Heureusement, les scientifiques japonais ne les ont pas attendus pour fonder une très grande école d'éthologie.

Un peu plus tard, dans les années 1960, une équipe dirigée par Junichero Itani s'est lancée dans l'étude du comportement d'une population de chimpanzés vivant à Mahalé, sur les rives du lac Tanganika, en Tanzanie. Ils ont découvert que ces grands singes vivent dans des systèmes sociaux identiques à ceux des hommes, dans des communautés composées de plusieurs mâles et femelles adultes, ainsi que de leurs enfants. C'est à cette même période que Jane Goodall, installée à Gombé un peu plus au nord, a entrepris ses premières observations. À l'instar de ses collègues japonais, elle a identifié chaque individu en lui attribuant un nom. Cette méthode très réfléchie a soulevé de vives critiques et ses premières publications ont été entravées par des « éthologues de cabinet » : ils n'admettaient pas ce qu'ils considéraient comme de l'anthropomorphisme. Car, dans la culture occidentale, le pire anathème, c'est l'accusation d'anthropomorphisme[3].

Dans la culture japonaise, il faut apporter la preuve d'une différence de capacité cognitive entre les animaux et nous ; dans la culture occidentale, au contraire, c'est l'identité de capacité cognitive qu'il faut attester. En effet, dans l'animisme, en particulier japonais, l'« esprit » attribué aux objets, aux plantes et aux animaux n'est pas posé comme « humain ». Il n'y a donc pas anthropomorphisme à proprement parler. L'esprit est « quelque chose » de plus large, de plus divers que sa seule forme humaine. Et l'homme y participe au même titre que tout ce qui est, ni plus ni moins. Attribuer de l'« esprit » à d'autres choses ou êtres, ce n'est donc pas « mettre de l'humain partout ». C'est même le contraire, en quelque sorte. Ce n'est que dans la tradition occidentale, marquée par le naturalisme de sa philosophie et de sa religion, qu'il y a en quelque

---

3. Pascal Picq *et al.*, *Les Grands Singes. L'humanité au fond des yeux*, Odile Jacob, 2005.

sorte quasi-équivalence entre l'esprit et l'humain, l'homme étant à l'image de Dieu, lequel est considéré comme seul porteur d'esprit. Aujourd'hui, il ne fait plus aucun doute, d'un point de vue scientifique, que les singes et tout particulièrement les grands singes, partagent à divers degrés nos capacités cognitives.

Comme le montre la suite, le naturalisme occidental s'est mis dans une situation impossible, une aporie comme on dit en philosophie. La longue tradition du naturalisme philosophique et religieux se heurte à la question obsessionnelle de la différence entre l'Homme et l'animal. Presque trois millénaires d'écritures, de conciles, de colloques et de séminaires échouent sur cette question si élégamment résolue par les grands singes. Les créationnistes n'ont pas tort de représenter Darwin avec un corps de chimpanzé ! « Réintégrer l'homme dans la nature, triompher des nombreuses interprétations vaines et fumeuses qui ont été barbouillées ou griffonnées sur le texte primitif » : telle était la tâche que s'assignait aussi quelqu'un comme Nietzsche à l'époque de *L'Origine des espèces*. « Que l'homme soit sourd aux appeaux des vieux oiseleurs métaphysiques qui trop longtemps lui ont seriné : tu es mieux que cela, tu es plus grand, tu as une autre origine – c'est une tâche qui peut sembler étrange et folle, mais c'est une tâche », ajoutait-il dans *Par-delà le bien et le mal* (§ 230)[4]. Cette tâche reste la nôtre.

---

4. Cité *in* Thierry Lodé, *La Guerre des sexes chez les animaux*, Odile Jacob, 2007.

Le darwinisme contre le naturalisme. Ces deux termes semblent s'accorder, et pourtant, ils sont fondamentalement antagonistes. Il y a quelques siècles, Descartes porte le naturalisme occidental à son expression absolue en affirmant la thèse dualiste. Cependant, en dégageant l'âme du corps, il livre ce dernier à la science. Un siècle plus tard, l'Homme se retrouve classé dans l'ordre des Primates par Charles Linné. Ce dernier s'appuie sur les travaux d'anatomie de Nikolas Tulp en Hollande et surtout sur ceux d'Edward Tyson, connu pour avoir disséqué en premier un chimpanzé à la fin du XVIIᵉ siècle. Tyson compare le corps de ce chimpanzé à celui d'un autre singe – probablement un macaque – et à celui d'un homme. Il constate que le chimpanzé ressemble plus à l'homme : selon les caractères anatomiques retenus, ils en partagent plus. Linné en prend bonne note, et c'est ainsi que pour la première fois le Chimpanzé et l'Homme se retrouvent dans l'ordre des Primates en 1758 et au plus près l'un de l'autre dans le même genre *Homo*.

Ce voisinage ne trouble guère Linné puisqu'il admet que seul l'Homme possède une âme et que les espèces sont fixes, car créées. Cette ressemblance embarrasse Georges Buffon, très cartésien sur ce sujet. En effet, il n'a de cesse, avec son collaborateur Daubenton, de dégager l'Homme de cette proximité simienne. Pour quelle raison ? Parce que Buffon esquisse l'idée que les espèces ne seraient pas fixes. Selon lui, elles se dégraderaient depuis un type initial parfait. Mais s'il est possible de considérer que l'âne est une forme dégradée du cheval ou le chien une forme dégradée du loup, on ne peut pas concevoir que l'Homme soit un avatar dégradé du singe ! Le célèbre article sur la dégradation qui se trouve dans le volume de l'*Histoire naturelle* consacré aux singes est un pur plaidoyer pour le naturalisme écrit par l'un des plus grands naturalistes[5].

Avec le développement de la systématique et de l'anatomie comparée, il est devenu de plus en plus évident que les grands singes ressemblent davantage à l'Homme qu'aux autres singes. C'est là que le naturalisme se retrouve devant un paradoxe quand s'édifie la théorie de l'évolution. Les classifications, fondées sur une analyse structurale des parties du squelette, induisent en effet l'idée d'une relation généalogique – c'est la théorie transformiste de Jean-Baptiste de Lamarck, selon laquelle « l'Homme descend du singe » – puis d'une relation de parenté et donc d'une ascendance commune – c'est l'évolutionnisme de Darwin, selon lequel « l'Homme et les grands singes ont un dernier ancêtre commun ». À la fin du XIXe siècle, Charles Darwin et Thomas Huxley soutiennent que, parmi ces grands singes, ceux d'Afrique nous ressemblent le plus.

Un siècle plus tard, la systématique moderne, qui s'appuie de plus en plus sur la comparaison du génome des espèces, indique que les chimpanzés sont les plus proches parents de l'Homme. Par conséquent, nous partageons un dernier ancêtre commun exclusif. Rappelons que

---

5. Buffon, *Œuvres*, Gallimard, « Bibliothèque de la Pléiade », 2007.

cette relation de proximité ne pose guère de problèmes aux fixistes puisque, selon eux, l'Homme est à l'image de Dieu et d'essence différente. En revanche, ils admettent difficilement une relation généalogique. Quant aux transformistes, ceux qui acceptent que l'Homme descende du singe ou plus précisément d'un grand singe, ils doivent résoudre l'aporie du passage entre l'animal et l'Homme que récuse le naturalisme. La seule solution réside dans la croyance en une loi interne à la vie, à une orthogenèse, à une tendance à se perfectionner ou autre que l'on retrouve chez les adeptes du dessein intelligent. L'évolution serait alors à la fois immanente et transcendante. En fait, la majorité des évolutionnistes se trouve embarrassée dès qu'il faut aborder la question inévitable de l'origine de la conscience, du langage, de la raison, de la morale, de la sympathie... autant de capacités intellectuelles supérieures que la philosophie et la religion occidentales n'attribuent qu'à l'Homme.

Nous touchons là un aspect rarement souligné dans les études darwiniennes. On lit beaucoup de commentaires sur l'attitude de Darwin face à la religion, mais on mentionne rarement ce coup porté aux fondements ontologiques du naturalisme occidental. Thomas Huxley, son plus fidèle soutien, admettait que l'Homme se distinguait des autres espèces par ses capacités morales, mais sans aborder la question des origines de la morale. Russel Wallace, qui considérait que la sélection naturelle était le seul moteur de l'évolution, rencontrait des difficultés à propos des capacités mentales de l'Homme avant de sombrer dans le spiritualisme. Darwin a abordé le sujet en 1871 dans *La Filiation de l'Homme en relation avec la sélection sexuelle*. Il admet que toutes nos capacités mentales supérieures proviennent de notre évolution, s'opposant ainsi au naturalisme fondamental de la culture occidentale.

À l'époque de Darwin, on connaissait très peu de choses sur les comportements sociaux des animaux et encore moins des singes. Pour ouvrir la voie à cette recherche, il a publié en 1872 *L'Expression des émotions chez l'Homme et l'animal* avec, plus tard et en annexe d'une édition ultérieure, un superbe texte intitulé « Esquisse biographique d'un petit enfant ». Ce livre, qui a jeté les bases des recherches à la fois en éthologie comparée et sur l'ontogenèse cognitive comparée des singes et des Hommes, reste peu cité. La raison profonde réside peut-être dans le fait qu'il porte atteinte au naturalisme.

Il faudra attendre plus d'un siècle pour que les chercheurs puissent investir la question des origines des capacités mentales dites supérieures. Aujourd'hui, on assiste à une déferlante de débats et de publications autour des frontières de l'humain. Les travaux des éthologues et des psychologues comportementalistes accumulent les observations et les résultats d'expérimentations qui attestent d'une théorie de l'esprit chez les grands singes[6]. À cause de

---

6. Voir en particulier les travaux de Franz de Waal (*La Politique du chimpanzé*, Odile Jacob, 1995 ; *Le Bon Singe*, Bayard, 1996), de Marc Hauser (*À quoi pensent les animaux ?*, Odile Jacob, 2002), ainsi que,

l'opposition plus viscérale que raisonnable de la pensée naturaliste dominante en Occident, les chercheurs ont dû batailler afin d'apporter les preuves des fondements de nos capacités cognitives supérieures partagées avec les espèces les plus proches de nous. Parce que notre tradition naturaliste a imposé comme une vérité la distinction entre l'Homme et l'animal, la science a dû lutter pendant deux siècles pour récuser ce dogme ! Nous en sommes encore là puisqu'en France, la double tradition naturaliste et dualiste de Descartes fait que nous sommes encore l'un des rares pays dits modernes à ne pas avoir une école d'éthologie digne de ce nom. Or cet archaïsme a des conséquences considérables en biologie puisque les laboratoires français sont absents des consortiums internationaux qui participent au séquençage du génome des grands singes. Merci monsieur Descartes qui, quand il n'arrivait pas à résoudre un problème, s'en remettait à Dieu. Aujourd'hui, la charge de la preuve revient à ceux qui affirment le contraire sur la seule foi du naturalisme et non sur des bases scientifiques[7].

---

plus surprenants encore, dans la lignée de ses recherches sur l'autisme, ceux de Temple Grandin sur d'autres espèces (*L'Interprète des animaux*, Odile Jacob, 2006) ; voir aussi Pascal Picq *et al.*, *Les Grands Singes. L'humanité au fond des yeux*, *op. cit.* Pascal Picq et Yves Coppens (dir.), *Le Propre de l'Homme, Aux origines de l'humanité*, II, Fayard, 2001.

7. Pascal Picq et Franz de Waal, *Les Frontières de l'humain*, colloque international de la Cité des Sciences, juin 2005 ; Pascal Picq, *Nouvelle Histoire de l'Homme*, Perrin, 2005.

Fixisme et mondes perdus

L'idée de monde unique et fixe, quoiqu'elle ne soit pas universelle, est présente dans beaucoup de cosmogonies, en particulier celles qui dérivent des religions du Livre. Rappelons que, dans la Grèce classique, le modèle dominant était celui du monde cyclique. Quant aux bouddhistes et aux hindouistes, ils croient à une infinité de mondes et d'avatars.

Les sciences de la Terre, la géologie, apparaissent au cours du XVIIIᵉ siècle avec notamment Hutton, Desmaret, Burnet, d'Holbach. De leurs observations, ils déduisent que la Terre a un âge bien plus grand que les quelque six millénaires, non pas indiqués dans la Genèse, mais computés par les théologiens. Buffon conçoit des expériences pour estimer cet âge. Il hésite à évoquer des millions d'années et propose plus de 70 000 ans, estimation que Diderot reprend dans l'*Encyclopédie*. La faculté de théologie de la Sorbonne réagit et s'oppose, avec retenue, car Buffon reste le protégé du roi. Il n'empêche, les gardiens du dogme ne comprennent pas que des idées aussi contraires à la vérité puissent être publiées par l'Imprimerie royale. Mais l'*Histoire naturelle* de Buffon est la première depuis celle de Pline à opérer une séparation radicale entre les sciences de la nature et la théologie de la création.

Buffon s'attaque aussi à un autre concept fondamental : la fixité des espèces. Comme tous les hommes de son temps, il admet la création des espèces, ce qu'il appelle les « causes premières ». Or le rôle du savant est de s'intéresser aux « causes secondes », autrement dit à la nature, à ses lois, à ses changements, etc. Lecteur de Montesquieu et admirateur de sa théorie des climats, il considère que les populations d'une espèce présentent des différences locales liées à leurs environnements respectifs. Depuis leur type originel, forcément parfait, elles se sont dégradées. Pour cela, il faut du temps. Buffon ouvre la controverse sur les âges de la Terre, question centrale dans les débats avec les créationnistes et entre les diverses chapelles du créationnisme.

Quelques esprits accommodants entreprennent toutefois de concilier les textes sacrés et les données nouvelles issues des sciences de la Terre, jetant les bases du concordisme, lequel oblige à sortir d'une compréhension littérale des textes de la genèse. Blumenbach soutient qu'il est évident que les jours du Créateur ne sont pas les journées des hommes, mais qu'il faut les comprendre selon des durées à l'image de sa grandeur. Un géologue célèbre, William Buckland, assigne un nouveau programme à la théologie naturelle : identifier les âges de la Création. En exagérant à peine, les grandes divisions actuelles des ères géologiques – le précambrien, le cambrien, le primaire, le secondaire, le tertiaire et le quaternaire – recouvriraient les six jours de la Création. Le quaternaire, lui, est longtemps resté en souffrance d'une réelle définition géologique, sa seule pertinence étant de correspondre à l'apparition de l'Homme. Cependant, les avancées rapides des connaissances et l'édification de la géologie moderne sous l'impulsion de Charles Lyell ont rendu de plus en plus difficiles ces tentatives de concordisme.

Tout se complique encore plus avec la paléontologie. Dans son célèbre mémoire de 1805 sur « Les révolutions du Globe », Georges Cuvier soutient que les périodes géologiques et paléontologiques sont séparées par des catastrophes. Après chacune, de nouvelles formes de vie apparaissent et demeurent stables jusqu'à la catastrophe suivante. Cuvier se révèle très attentif à ne pas heurter la religion, certainement autant par conviction personnelle (il est vice-président de la Société biblique) que par carriérisme[8]. Quoi qu'il en soit, les grands paléontologues ne cessent de s'opposer à l'idée de transformation des espèces : en France, Cuvier s'oppose à Lamarck et à Geoffroy Saint-Hilaire ; en Angleterre, Richard Owen et, aux États-Unis, Louis Agassiz, qui formule la théorie des glaciations, contestent Darwin. D'une manière générale, les géologues se montrent sensibles à l'idée que des événements brutaux séparent les âges de la Terre comme autant de déluges. Les créationnistes stricts combattent farouchement l'idée d'un âge très ancien de la Terre et privilégient les modèles catastrophiques susceptibles d'expliquer sa formation aussi rapide que brutale. D'autres, plus ambitieux, proposent une « nouvelle géologie » comme M. Berthault[9].

Dans le premier tome des *Principes de géologie*, Charles Lyell évoque le catastrophisme de Cuvier pour mieux le

---

8. Voir Philippe Taquet, *Georges Cuvier*, Odile Jacob, tome I, 2006 ; tome 2, à paraître.
9. Voir chapitre 1.

critiquer. Car, pour lui, les forces qui agissent dans la nature actuelle – volcanisme, érosions et dépôts éoliens, fluviatiles et maritimes – ont agi par le passé (principe d'actualisme) et avec des intensités similaires (principe d'uniformitarisme). Sa théorie s'oppose directement au catastrophisme créationniste de Cuvier. Dans le second tome des *Principes de géologie,* il admet, prudemment, les principes de la théorie de Lamarck. Les livres de Lyell influenceront considérablement le jeune Darwin, notamment le deuxième volume qu'il reçoit au cours de son long voyage sur le *Beagle.* Plus tard, Lyell fera partie du premier cercle des amis de Darwin, ceux auxquels il expose les avancées de sa théorie de l'évolution. Lyell est un sceptique méthodologique qui acceptera finalement l'idée d'évolution des espèces.

Les idées d'évolution et d'ancienneté de l'âge de la Terre sont étroitement liées, bien qu'issues d'avancées des connaissances dues à des disciplines indépendantes appartenant respectivement aux sciences de la vie et de la Terre. Les fossiles et les mondes perdus les relient. L'idée que les fossiles – littéralement « ce qui vient de la terre » – représentent des vestiges d'organismes vivants ayant vécu à des époques qui ont précédé les hommes heurtait aussi la croyance en un monde créé en une fois. Heureusement, il y a le Déluge provoqué par un Dieu insatisfait de son œuvre. Les créationnnistes, qui soutiennent que l'évolution n'est pas un fait, ne peuvent pourtant pas faire l'impasse sur les milliers d'espèces fossiles mises au jour par les paléontologues, dont les célébrissimes dinosaures (terme inventé par le très fixiste et conservateur Richard Owen). Alors, ils ne reculent devant aucune manipulation des données pour « démontrer » que les hommes vivaient avec les dinosaures avant le Déluge, comme l'attesteraient les fameuses et fallacieuses empreintes de pas de la rivière Paluxy au Texas. On comprend que Noé, à la fois pour des raisons pragmatiques et aussi par sagesse, ait refusé d'embarquer des diplodocus et des tyrannosaures !

L'idée d'évolution rencontre deux formidables obstacles directement liés à l'ontologie dominante de la pensée occidentale : le fixisme et le naturalisme. L'évolution des espèces suppose que celles-ci ne sont pas stables, ce qui va à l'encontre de l'idéalisme platonicien et de l'essentialisme aristotélicien que l'on retrouve dans les religions du Livre mais aussi en philosophie. Mis à part les créationnistes bornés, les autres croyants ne s'opposent pas à l'idée de transformation des espèces.

Seulement, la sélection naturelle, le hasard et la contingence leur posent de réelles difficultés en raison de leurs fondements matérialistes. Cette opposition se rencontre aussi dans les écoles de pensée qui admettent la transcendance et la finalité. La tendance à se perfectionner de Lamarck, l'alpha et l'oméga de Teilhard de Chardin, les attracteurs étranges de Dambricourt-Malassé, les Christ cosmiques, le principe anthropique fort : autant de facettes du dessein intelligent. Le fondement commun à toutes ces théories, c'est leur refus de la théorie darwinienne de la sélection naturelle, au motif qu'elle ne permettrait pas d'expliquer les origines et l'évolution de la conscience, de la raison ou de la morale, ce qui serait en contradiction fondamentale avec le naturalisme occidental.

Sciences et religions du Livre : vrais et faux débats

La controverse actuelle qui s'amplifie dans les pays historiquement liés aux religions du Livre concerne aussi des pays de grande tradition scientifique. J'ignore la situation en Chine, au Japon ou en Inde, de grandes civilisations ayant aussi de grandes traditions philosophiques et scientifiques. Il n'en demeure pas moins que le créationnisme et ses avatars se détachent comme une spécificité associée aux grands monothéismes.

L'adoption de la loi sur la laïcité de 1905 a mis un terme à plusieurs siècles de conflits très durs entre les religions et les sciences. Après la Révolution française, l'Église catholique s'est radicalisée du côté des conservateurs, des royalistes, de ce qu'on appellerait aujourd'hui des « traditionnalistes ». C'est dans ce contexte que sont apparues les théories de l'évolution. À cela s'est ajouté un scientisme radical renforcé par le positivisme à la fin du XIXᵉ siècle, sans oublier les courants philosophiques politiques socialistes au sens large. De cette période, on retient le combat entre les forces de la croyance et de la superstition, opposées à celles de la modernité et de la science. En fait, les relations entre la religion et la science depuis le procès de Galilée au XVIe siècle jusqu'au retour des créationnistes au XXIe se révèlent plus complexes. Afin de mieux appréhender la situation actuelle, il n'est pas inutile d'en rappeler les grandes périodes.

Le procès de Galilée

Tous les systèmes de croyances et tout particulièrement les religions du Livre s'intéressent au ciel et aux étoiles, ne serait-ce que pour fixer les dates des rituels et des célébrations. Les mathématiques et les calendriers participent des fondements de la pensée scientifique. La révolution scientifique qui fait suite à la Renaissance en Europe commence aussi par les affaires célestes avec Tycho Brahé, Nicolas Copernic et Galileo Galilée.

Le procès de Galilée reste l'une des grandes erreurs de l'Église. Celle-ci ne plaisante pas avec le dogme, surtout à l'époque où se profile la Réforme. Copernic a publié ses travaux à titre posthume. Giordano Bruno meurt sur le bûcher à Venise en 1600 pour avoir soutenu des idées matérialistes sur la pluralité des mondes. Toucher au ciel est le plus sûr moyen de s'attirer les foudres de l'Inquisition.

Pourtant, une partie de l'Église n'est pas fondamentalement hostile aux sciences. Galilée fut protégé un temps par le pape Benoît VII et par le cardinal Maffeo Barberini, le futur pape Urbain VIII. Lorsque les ennuis commencent, il se montre assez rigide et peu reconnaissant envers son ancien protecteur, qu'il ridiculise dans ses écrits sous le sobriquet de Simplicio. Comparé au cas Giordano Bruno, il s'en sort plutôt bien, même s'il doit abjurer les conclusions de ses travaux. Il y a donc quelques ambiguïtés autour de ce procès dont personne ne sort vraiment grandi.

Au cours de cette même période, la religion et la science admettent un compromis. Dans une lettre à Christine de Lorraine, Galilée écrit que si « la science dit comment va le ciel, la religion dit comment aller au ciel ». Ainsi s'instaure une séparation des magistères, tout au moins en ce qui concerne les sciences qui s'intéressent au ciel.

Galilée met en place les principes de la physique moderne, qui font intervenir la raison, l'observation, l'expérimentation et la modélisation mathématique. L'expérimentation active s'ajoute à l'observation passive grâce à des moyens d'investigation utilisant des outils techniques, les instruments de la science. À la même époque, et bien avant l'essor technologique de l'Occident, Francis Bacon en Angleterre pose les principes épistémologiques de la connaissance scientifique qui se doit de rechercher les causes naturelles des faits et la détermination de leur essence[10]. La révolution de la science moderne est fermement établie.

---

10. Darwin se référera explicitement à la démarche baconienne.

La science entre la Terre et le ciel

« Et Dieu dit que Newton soit ! » L'expression est du poète Alexander Pope. Newton est un immense génie et aussi un grand croyant qui se mêle de métaphysique. Ses lois de la mécanique céleste expriment par la perfection des équations mathématiques l'ordonnance de l'Univers. Seul un être supérieur a pu concevoir un tel monde : c'est Dieu. À partir de cette époque, on honore le Créateur en l'appelant le Grand Horloger ou le Suprême Géomètre. Le ciel semble dégagé et sans nuage entre la science et la religion.

Si les relations s'apaisent dans le monde catholique, la situation reste plus tendue dans l'Église anglicane. John Ray pose les fondements de ce qu'on appelle la « théologie naturelle » dans son livre intitulé *La Sagesse de Dieu manifestée dans les œuvres de la Création*, publié en 1691. Son intention est de rapprocher la science et la religion. Pour lui, la nature s'ouvre comme un Grand Livre dans lequel chaque découverte prouve l'intelligence du Créateur.

Nous sommes au « siècle des mécaniciens ». La physique de Newton suscite l'application d'un paradigme mécaniste à l'ensemble de la nature, dont l'un des grands protagonistes est René Descartes, ce qui commence à inquiéter quelques théologiens. Certains redoutent en effet le retour d'explications matérialistes d'un monde contraint par des lois efficientes, les lois de la physique. À ceux-là Descartes et Bacon répondent que les voies du Seigneur sont impénétrables. Ces deux penseurs considèrent que l'Homme doit connaître la nature pour mieux la commander. Alors se pose la question de la finalité et du rôle de Dieu. Newton ne partage pas cette conception dominatrice de l'Homme et plaide pour l'existence des causes finales tout en croyant à un Dieu bienveillant et protecteur. La théologie naturelle est une réponse à ce défi porté par des sciences qui risquent de mener à l'athéisme, d'autant que le scepticisme des libertins prend de l'ampleur. En ce siècle classique se dessinent deux grandes pensées sur les rapports entre Dieu, la nature et les hommes : celle qui admet l'existence d'un Dieu artisan toujours présent avec sa Création, ce qu'on appelle le « théisme » ; celle qui croit en un Dieu architecte qui, par son intelligence supérieure, a créé un univers avec des lois pour assurer son harmonie, ce qu'on appelle le « déisme ».

Malgré les efforts de Descartes et l'émergence de l'anatomie mécaniste, la diversité et la complexité de la nature ne se réduisent pas aux lois des physiciens. Les forces de la nature n'expliquent pas les harmonies des organismes comme la concordance parfaite de leurs parties. Les naturalistes à la charnière du XVIIIᵉ siècle lancent un grand élan d'observation de la diversité des formes de la nature avec l'émergence de la mode des cabinets de curiosités, les ancêtres de nos muséums d'histoire naturelle. Cet engouement se répand dans toute l'Europe et est porté par l'adhésion à la théologie naturelle. Seulement l'esprit est moins avide de rechercher des lois que de contempler la beauté de la Création. La théologie naturelle épouse une sorte de « providentialisme ».

La Providence est un concept très ancien qui traverse la pensée occidentale depuis le temps des philosophes présocratiques. Selon Platon, il existe une intelligence du cosmos ; les dieux se mêlent des affaires des hommes et agissent pour le bienfait de l'humanité. Les stoïciens réaffirment cette idée en l'opposant à celle de hasard, chère aux épicuristes. Il existe une raison universelle qui gouverne le monde ; sinon, ce serait le chaos. La pensée religieuse reprend ce concept, mais avec circonspection en raison des questions liées à la prédestination, au libre arbitre et au panthéisme. Les naturalistes le reprennent dans un esprit plus contemplatif qu'explicatif. De grandes figures comme Bernardin de Saint-Pierre, l'auteur de *Paul et Virginie*, affirment : « Si le melon à des côtes, c'est pour être partagé en parts égales entre des convives. » L'abbé Pluche publie une grande série d'ouvrages sous le titre *Le Spectacle de la nature*, qui a un énorme succès. On connaît l'incontournable histoire de l'œil, cet organe si complexe dans son architecture et sa fonction. L'un de ces savants providentialistes clame : « Je serai athée quand on m'aura prouvé que la matière peut d'elle-même organiser l'œil. » L'œil de la Providence, c'est l'œil de l'Homme ébloui par la splendeur révélée de la Création. Charles Linné s'inspire de la physicothéologie ou de la théologie naturelle de John Ray pour s'émerveiller de la sage ordonnance de la nature. Plus tard, Buffon fustige Linné et sa « manie de classer ». Il lâche : « Dieu a créé, Linné a classé ! » Nous avons vu plus haut comment Buffon dégage son *Histoire naturelle* de la théologie.

Mais comment expliquer les catastrophes naturelles dans le cadre de la Providence ? Leibniz et d'autres admettent que l'Homme vit « dans le meilleur des mondes possibles ». Voltaire raille le philosophe sous les traits du docteur Pangloss qui, dans le conte philosophique *Candide*, finit sur le bûcher après le tremblement de terre de Lisbonne. Pangloss affirme que « si l'Homme est pourvu d'un nez, c'est pour porter des lunettes ; la preuve, nous portons des lunettes ». Le tremblement de terre de Lisbonne marque une rupture profonde dans la pensée des Lumières car, si ces catastrophes ne sont pas de la main de Dieu, mais sont dues à des forces naturelles, alors il incombe aux hommes de mieux connaître ces forces pour assurer leur devenir. Dans son *Dictionnaire philosophique*, Voltaire redéfinit et précise alors les termes de théisme et de déisme. Le théisme est la croyance en un Dieu personnel qui est toujours présent avec sa Création et capable à tout instant d'affecter n'importe quel processus naturel. Le déisme est la croyance en un être suprême qui gouverne le monde au travers des lois qu'il a prescrites au moment de la Création. Ce sont les racines profondes du créationnisme strict (théisme) et du dessein intelligent (déisme) avec toutes les variantes imaginables.

Le XVIIIe siècle est celui de la laïcisation des savoirs – les encyclopédistes – et du déisme avec, chez certains penseurs, une tendance plus marquée vers l'athéisme. La Révolution française finit par jeter l'effroi dans les autres pays d'Europe, notamment en Angleterre, avec un amalgame entre philosophie, science et esprit révolutionnaire. La France connaît une période aussi agitée que novatrice de la chute de l'Ancien Régime jusqu'à la Restauration ; de grandes avancées sont accomplies dans le domaine des sciences et de leur enseignement, avec le Muséum national d'histoire naturelle – qui devient le haut lieu international de la science – et la création des premières grandes écoles sans oublier le Conservatoire national des arts et métiers (abbé Grégoire). Notre historiographie loue cet âge d'or, ce qui n'est pas le cas outre-Manche.

Pour la société anglicane, tout ce qui touche de près ou de loin à la Révolution française est honni. Le respect des Écritures devient une exigence réaffirmée. C'est dans ce contexte que William Paley publie sa *Théologie naturelle* en 1802[11]. Il fait partie des ouvrages que doivent lire impérativement les étudiants de Cambridge, d'autant que, dans les universités anglaises, les professeurs sont presque tous des hommes d'Église. Les sciences naturelles se font donc naturellement dans le cadre de la théologie naturelle, même la géologie naissante (William Buckland). L'un des jeunes lecteurs fascinés de Paley sera Charles Darwin qui, dans le but de satisfaire sa passion de

---

11. *Natural Theology, or Evidences of the Existence and Attributes of the Deity Collected from The Appearances of Nature.* Ce livre a un immense succès puisque, deux siècles plus tard, le Discovery Institute le réédite avec des ajouts venus des « travaux » des adeptes du dessein intelligent.

naturaliste, entreprit des études pour devenir pasteur à Cambridge.

À propos des Darwin, Paley fustige la pensée libertaire du grand-père de Charles, Erasmus, médecin célèbre inspiré par la philosophie des libertins, enclin à l'athéisme. Dans ses livres, il soutient l'idée de la modification des espèces en ridiculisant le concept d'animal machine. Paley critique de telles inepties. Pour réaffirmer la fixité des espèces et la merveilleuse ordonnance des parties des organismes, il reprend le sempiternel argument de la complexité de l'œil (qui est une providence pour les fixistes). D'une certaine manière, le livre de Paley contribuera à l'édification de la théorie de Charles Darwin, qui portera une attention toute particulière à l'adaptation des populations à leurs environnements. Puis, alors qu'il avancera dans la construction de sa théorie, il se détachera irrémédiablement de la théologie naturelle et consacrera une partie de son livre majeur *L'Origines des espèces* à expliquer comment un organe aussi complexe que l'œil a pu évoluer.

Le début du XIXe siècle se révèle une période très complexe pour les relations entre les sciences et les religions et, pour être plus précis, entre les sciences de la vie et de la Terre d'un côté et les religions du Livre de l'autre. Si les sciences acquièrent les bases institutionnelles du développement qu'elles vont connaître jusqu'à notre époque, il en va autrement pour la biologie dans sa dimension historique. Jean-Baptiste de Lamarck, en fidèle disciple de Buffon, marque l'indépendance des sciences naturelles envers la théologie (naturelle) en proposant le terme de biologie en 1802 tout en esquissant l'idée de transformation des espèces. Il propose une théorie plus achevée dans sa *Philosophie zoologique* de 1809. Napoléon, qui scande à dessein « Ne touchez pas à ma Bible ! », n'apprécie pas le transformisme de Lamarck[12]. Le très ambitieux et par ailleurs créationniste Georges Cuvier se charge de discréditer l'infortuné Lamarck. Quelques années plus tard, la célèbre controverse entre Cuvier et Étienne Geoffroy Saint-Hilaire marque durablement le gel de toute pensée transformiste en France.

Cela ne va pas mieux pour la théorie de Lamarck en Angleterre, où la société anglicane, très soucieuse de l'harmonie entre la science et la religion, l'associe à l'esprit de la Révolution française. Alors même qu'il rédige ses premières réflexions sur l'origine des espèces, Darwin est témoin des difficultés de son ancien condisciple à Édimbourg, Robert Grant, qui voit sa carrière gâchée par l'establishment anglican à cause de ses idées lamarckiennes. L'année même où il achève une version développée de ses recherches sur l'origine des espèces, Robert Chambers publie anonymement *Les Vestiges de la Création*, qui soulève de violentes réactions. Cette vive opposition est certai-

---

12. Une anecdote célèbre met en scène Laplace qui, après avoir présenté ses travaux, entend l'empereur lui demander : « Et Dieu dans tout cela ? » « Sire, Dieu ne fait pas partie de mes hypothèses », répond Laplace. Il nous intéresse par rapport au dessein intelligent puisque ses travaux conduisent à l'idée de déterminisme matérialiste.

nement l'une des raisons qui incitent Darwin à différer la publication de sa théorie avant la fin des années 1850. En tout cas, c'est chose faite en 1859 : même si le livre fait scandale, la société anglaise est moins braquée sur ses principes religieux. Et Darwin sera enterré dans l'abbaye de Westminster, à proximité de la tombe de Newton.

L'Origine des espèces est rapidement traduit en français par Clémence Royer et en allemand par Ernst Haeckel. Tous deux induisent des idées de progrès et de finalité, ce qui surprend Charles Darwin. La théorie de la sélection naturelle est très mal comprise. Il y a toujours ceux qui refusent toute idée de transformation des espèces, les fixistes. Et puis, il y a ceux qui acceptent cette idée, mais à condition que l'évolution s'accorde avec une forme de finalisme. Car la théorie de la sélection naturelle fait intervenir un concept vivement combattu par la pensée occidentale depuis des millénaires : le hasard. Si Épicure et Lucrèce ont développé des philosophies incluant ce concept, ils restent cités pour mieux les récuser. Alors, à tout prendre, autant réhabiliter Lamarck. C'est ainsi que le transformisme lamarckien se retrouve dans une acception étroite destinée à contrer la sélection naturelle de Darwin. Du vivant même de Darwin, les thèses dites « lamarckiennes » dominent dans la pensée des biologistes partout en Europe et aux États-Unis[13]. Pourtant, nous savons que Lamarck, c'est plus que le lamarckime et que Darwin, c'est plus que le darwinisme.

---

13. Voir Pascal Picq, *Nouvelle Histoire de l'Homme, op. cit.*

Dominique Lecourt, dans *L'Amérique entre la Bible et Darwin*, décrit avec précision la forte implantation de la théologie naturelle dans les jeunes universités américaines. La théorie de la sélection naturelle est très mal reçue. Quelques universitaires acceptent néanmoins une conception dirigée, finalisée, de l'évolution. Asa Gray soutient la théorie de Darwin. Les deux hommes entretiennent une correspondance intense. Dans l'une de ses lettres, Gray demande à Darwin d'inscrire sa théorie en accord avec un dessein divin. Ce dernier écrit une longue réponse, dans laquelle il réaffirme que, selon lui, l'évolution n'a pas de but.

Les choses ne sont pas simples non plus du côté des sciences de la Terre. Nous avons évoqué la forte opposition au transformisme des grands paléontologues comme Cuvier en France, Owen en Angleterre et Agassiz aux États-Unis, tous catastrophistes et créationnistes. Ils récusent toute idée de généalogie ou plus exactement de descendance avec modification entre les espèces d'une époque à l'autre. La seule continuité admise est celle décrite dans la Bible pour le Déluge, la dernière catastrophe et la seule digne d'intérêt, car voulue par Dieu pour parfaire sa Création. Les premières fouilles préhistoriques de Boucher de Perthes en France sont interprétées comme des « antiquités antédiluviennes ».

L'opposition des grands paléontologues nous surprend alors qu'ils apportent de grandes contributions à l'anatomie comparée. À ce propos, il est intéressant de rappeler que Cuvier était célèbre par sa capacité à reconstituer un animal fossile à partir d'un fragment de dent ou d'os, comme dans l'épisode fort connu de la sarigue de Montmartre, un mammifère marsupial disparu depuis très longtemps. Il applique le principe de la subordination des caractères. Car Cuvier, fin anatomiste, s'intéresse aux fonctions des organismes et de leurs parties. Si une partie de la structure n'est pas en harmonie avec les autres, alors l'organisme ne peut être viable, idée incompatible avec celle de variation et donc d'évolution. C'est un argument sans cesse repris par les créationnistes.

Toute la démonstration de Darwin repose justement sur ces caractères parfois superflus ou inutiles que l'on trouve chez tous les organismes vivants. L'exemple le plus connu est celui des stylets des extrémités des membres des chevaux. Ils sont les vestiges – on parle de caractères vestigiaux – de l'époque à laquelle les ancêtres des chevaux avaient encore trois doigts et non plus un seul comme dans l'espèce actuelle. Lorsque Huxley, l'ami de Darwin, se retrouve aux États-Unis, ses collègues lui montrent des tiroirs entiers contenant des dizaines de fossiles de chevaux qui illustrent cette magnifique évolution. Huxley a trouvé un superbe « cheval de bataille » pour faire avancer l'évolution.

Enfin, dans le spectre des incompréhensions anciennes qui suscitent de vives oppositions à la théorie de Darwin, on trouve certains physiciens et astrophysiciens de son époque, et pas des moindres, comme Lord Kelvin, John Hershel et William Whewel, ce qui nous ramène à la théologie naturelle. Pour Kelvin, s'il y a des variations, la sélection naturelle devrait au fil du temps les éliminer, de telle sorte que l'adaptation soit de plus en plus en harmonie avec l'environnement, ce que pensait en partie Darwin. Dès lors, quelle que soit la source de cette variation, celle-ci ne suffirait pas à expliquer l'évolution, d'autant que ce que l'on sait de l'expression de ces variations s'avère trop faible pour rendre compte de l'évolution au regard de l'âge supposé de la Terre.

John Hershel, philosophe, physicien et astronome, publie en 1830 un *Discours préliminaire à l'étude de la théologie naturelle* consacré à la méthode de Newton qui insiste sur l'importance des aspects quantitatifs et prédictifs des théories scientifiques. Celles-ci mettent en évidence la valeur universelle des lois naturelles inscrites dans la théologie naturelle. Whewell adhère pleinement à cette philosophie, allant même jusqu'à critiquer Galilée, dont les travaux contredisent les Écritures. Il est l'un des auteurs d'un monumental *Bridgewater Treatise* en huit volumes (1833) comprenant un article intitulé « Astronomy and general physics considered with reference to natural theology[14] ». Ce traité

---

14. Ce genre de publication est très prisé, depuis *Le Livre des Merveilles* jusqu'à celui, récent, d'Harun Yahya, *L'Atlas de la Création*, en passant par *Le Spectacle de la Nature* de l'abbé Pluche. Chaque fois, ce sont plusieurs volumes magnifiquement imprimés. L'*Encyclopédie* de Diderot et d'Alembert, comme l'*Histoire naturelle* de Bufon, s'en démarquent en raison de l'apport de connaissances qui dépasse la béatitude contemplative. La haine de la religion pour l'*Encyclopédie* vient de là.

célèbre « la puissance, la sagesse et la bienveillance de Dieu qui se manifestent dans la Création ». Whewell et tant d'autres adhèrent intensément à l'idée d'un Dieu concepteur qui gouverne le monde au travers de lois invariables.

Ainsi, au cours du XIXᵉ siècle, les avancées des sciences amènent à redéfinir la séparation des magistères déjà proposée par Galilée. La science trouve sa légitimité dans l'élucidation des phénomènes empiriques expliqués par des causes secondaires, donc matérielles, en accord avec des lois universelles établies par le Créateur. Dieu n'intervient plus dans les explications causales des phénomènes naturels. Comprendre et expliquer la nature selon ses lois légitiment la science et servent la religion. Cette attitude ne vient donc pas de matérialistes athées, mais de croyants. Mais il y a une condition à cela : ne pas toucher aux origines de l'Univers, de la vie et surtout de l'Homme. Darwin rompt définitivement ce pacte.

Rien de nouveau
sous le ciel des créationnistes

De Galilée à Darwin, les sciences, filles et compagnes de la Renaissance, des Lumières et du Progrès, investissent tous les aspects de la nature. Dans ce bref rappel de l'histoire des concepts entre mythes, religions, philosophies et sciences, on voit se dessiner les principaux arguments et pseudo-arguments des différentes formes de créationnisme actuel et des adeptes du dessein intelligent. La lecture littérale des textes sacrés comme la théologie naturelle ont pourvu à tout l'arsenal des incompréhensions et des arguties d'hier et d'aujourd'hui. Ce qui surprend tout de même, c'est que, tandis que, depuis cent cinquante ans, toutes les sciences ont considérablement progressé, on retrouve toujours les mêmes formes d'opposition à la théorie de l'évolution. Mais, comme on l'a vu jusqu'ici, il serait erroné de croire qu'il s'agit d'une confrontation entre la science et la religion. Hier comme aujourd'hui, les créationnistes comme les partisans du dessein intelligent recrutent chez les philosophes, les mathématiciens, les physiciens et les cosmologistes. Pour s'y retrouver, il importe donc de dégager les idées et les concepts fondamentaux qui permettent à des fondamentalistes de mobiliser aussi bien chez des théistes et des déistes que chez des agnostiques et même dans des systèmes de pensée qui sortent du cadre des religions du Livre et de la pensée occidentale. Les créationnistes et les adeptes du dessein intelligent voudraient faire croire que les religions, les philosophies et la majorité des sciences s'opposent sur les mêmes fondements à la théorie de l'évolution. Il n'en est rien, même dans les religions du Livre.

La tradition naturaliste anglaise nourrit une entreprise concordiste qui insiste sur l'accord entre la science et la religion. C'est la théologie naturelle, définie dans ses principes par John Ray et William Paley. Les recherches des naturalistes – presque tous hommes d'Église – visent à révéler la majesté et l'ordonnance de l'intelligence du Créateur. Il existe donc un même creuset originel entre le créationnisme et le dessein intelligent. La théologie naturelle s'exporte aux États-Unis, où différents courants protestants, dont les évangélistes, en font presque un dogme qui, comme il s'agit de « science », se retrouve enseigné dans les universités récentes. Le Nouveau Monde favorise cette croyance car, selon les diverses traditions du protestantisme, les croyants s'inspirent d'une lecture directe de la Bible, premier fondement de leur société. Cela donne une diversité étonnante de courants religieux, mais tous très attachés à leur interprétation littérale des textes. Le fondamentalisme protestant, si actif de nos jours, tire sa source de cette tradition. Si la théologie naturelle, presque tricentenaire, décline dans l'Europe laïque, elle se maintient outre-Atlantique pour réapparaître de manière sporadique au gré des révolutions conservatrices. Comme l'affirmation de la laïcité en Europe est contemporaine de Charles Darwin, il devient la cible privilégiée de cette forme de réaction.

L'Église catholique condamne quant à elle sans tarder la théorie de Darwin. Cependant, plusieurs hommes de science et d'Église s'y intéressent et tentent de concilier la théorie scientifique et la tradition[15]. Contrairement à la

---

15. C'est le cas du célèbre séminaire Saint-Sulpice d'Issy-les-Moulineaux tenu par le père Guibert à la fin du XIXe siècle. De là sortirent des hommes d'Église comme l'abbé Breuil, pionnier de la préhistoire et professeur au Collège de France en 1929.

tradition réformée, la signification des textes sacrés est l'affaire des théologiens et des instances de l'Église. Il n'y a donc pas de tradition créationniste chez les catholiques. En revanche, la foi et le dogme sont incompatibles avec le matérialisme de la théorie de l'évolution. L'attitude officielle est donc le refus accompagné d'une relative tolérance, dont les limites sont vite rappelées (on pense au père Teilhard de Chardin, mais il y en eut bien d'autres). D'une certaine façon, l'Église catholique a une attitude darwinienne : à côté de la position officielle, on tolère des expériences, de la variabilité, qui peuvent s'avérer utiles. Après la réhabilitation de Galilée et l'esprit de modernisation de Vatican II, Jean-Paul II admet devant l'Académie pontificale des sciences que la théorie de l'évolution est « plus qu'une hypothèse ».

Dans un premier temps, la théorie de Darwin est plutôt bien acceptée par les musulmans. Le Coran ayant été dicté par Dieu, aucune théorie ne peut prétendre en contester la vérité. La sélection naturelle est perçue comme une loi inventée par le Créateur. Il n'y a donc pas d'atteinte possible à la foi. Si le Coran reprend le texte de la Genèse de la Bible, il en donne une version moins précise, ce qui fait qu'une interprétation créationniste n'est pas une tradition dans la religion musulmane.

D'une manière générale, les religions du Livre ne font pas bon accueil à la théorie de l'évolution. On note cependant des attitudes très diverses dans les trois grandes religions. Il est évident que les juifs orthodoxes n'ont pas la même attitude envers l'évolution que les autres traditions nourries de siècles de commentaires de la Torah. Les chrétiens orthodoxes se révèlent eux plutôt hostiles. Les catholiques intégristes ne veulent rien entendre, alors que la théorie de l'évolution est plus ou moins admise par la majorité des autres. Quant aux autres grandes traditions religieuses ou spirituelles, comme le bouddhisme, elles s'accordent plutôt bien avec la théorie de l'évolution. En fait, dès qu'une pensée – qu'elle soit mythique, religieuse, philosophique ou scientifique – admet une origine du monde à partir du néant, elle se trouve en opposition avec le matérialisme de l'évolution.

Petit vocabulaire antiévolutionniste

Alors que les sciences de l'évolution ont considérablement évolué depuis Charles Darwin[16], les créationnistes, eux, n'ont pas avancé dans leur triste registre d'arguties. Un exemple parfait d'immobilisme, de réaction. Si par exemple le concept de « fossile vivant » n'a plus cours en paléontologie et dans la théorie de l'évolution, les créationnistes et les adeptes du dessein intelligent se distinguent

16. Voir chapitre 4.

par la fossilisation de leur attitude. Leur cas dépasse celui de la science.

Sigmund Freud estimait que la science avait infligé trois blessures à l'amour-propre de l'humanité : la première, en montrant que la Terre n'était pas le centre de l'Univers, la deuxième quand la biologie a dérobé à l'Homme le privilège d'avoir fait l'objet d'une création particulière et a mis en évidence qu'il appartenait au monde animal et la troisième, la psychanalyse, bien sûr[17]. Face à cette triple révolution copernicienne, la question est alors : d'où vient cet amour-propre ? D'où vient l'idée vrai-

---

17. Le freudisme est un autre objet de détestation pour les fondamentalistes. Ces derniers abhorrent l'idée que notre psychisme puisse s'enraciner dans un inconscient que Freud, en bon lecteur de Darwin, situe implicitement dans une perspective évolutionniste (voir Pascal Picq, *Nouvelle Histoire de l'Homme, op. cit.*, et le psychanalyste Adam Phillips, *La Mort qui fait aimer la vie, Darwin et Freud*, Payot, 2002). D'un autre côté, il n'est pas inutile de rappeler que la psychanalyse, notamment en France, suit une dérive semblable à celle des créationnistes du fait de son attachement quasi obsessionnel à la littéralité des textes de Freud, ce qui conduit à des controverses virulentes avec les neurosciences. Récemment, le lobby psychanalytique a fait retirer un rapport du ministère de la Santé dont les conclusions étaient très critiques. La France est la fille aînée de l'Église... et de la psychanalyse, ce qui inquiète dans le contexte de ce livre. Hélas, les fondements sur lesquels s'appuient les gardiens du temple freudien se comparent facilement à ceux que les créationnistes mobilisent contre la théorie de l'évolution. La quête de la vérité absolue n'est-elle pas la grande pathologie d'*Homo sapiens* qui, selon Edgar Morin, hésite encore avec *Homo demens* ?

ment étrange du privilège accordé aux hommes ? Un bon cas psychanalytique !

Le *matérialisme* : l'idée que ce que nous sommes puisse résulter des seules propriétés de la matière et donc des lois de la nature s'oppose fondamentalement au naturalisme occidental. Par conséquent, les créationnistes et les adeptes du dessein intelligent recrutent dans un large spectre de systèmes de pensée dans les domaines de la religion, de la philosophie et des sciences.

Le *hasard* : ce concept heurte toute idée de finalisme. Dans son autobiographie, Darwin écrit : « Le vieil argument d'une finalité dans la nature, comme le présente Paley, qui me semblait autrefois si concluant, est tombé avec la découverte de la loi de la sélection naturelle. Désormais, nous ne pouvons plus prétendre que la belle charnière d'une coquille bivalve doive avoir été faite par un être intelligent, comme la charnière d'une porte par l'homme. Il ne semble pas qu'il y ait une plus grande finalité dans la diversité des êtres organiques ou dans l'action de la sélection naturelle que dans la direction où souffle le vent[18]. » Dans cette traduction, Darwin utilise le terme de « loi » à propos de la sélection naturelle. Or la sélection naturelle est un concept et, comme on le lit ensuite, il est plus approprié de parler d'« action ». Le couple variation/sélection,

---

18. Charles Darwin, *Autobiographie*, Belin, 1985.

connu aussi comme l'interaction entre « le hasard et la nécessité », d'après Jacques Monod, s'oppose à l'ontologie fondamentale de la pensée occidentale.

La *contingence* : ce concept est fort mal apprécié dans la culture occidentale, car il est associé à toutes les petites choses contraignantes de la vie qui sont considérées comme bénignes, sans importance. Elles peuvent se produire ou non, sans que cela ait une signification au regard de la destinée. La contingence est liée à l'idée de hasard émergeant de la rencontre entre des systèmes indépendants les uns des autres, comme la vie confrontée aux changements provoqués par les catastrophes terrestres. Elle est incompatible avec l'idée de monde parfait auquel pensent les créationnistes. Elle l'est tout autant pour ceux et celles qui recherchent une finalité dans l'histoire de la vie, considérant qu'une seule véritable lignée de l'évolution aurait du sens, la nôtre, alors que toutes les autres n'exprimeraient que des contingences sans signification. Or toute l'évolution se fonde sur ces multiples contingences depuis les gènes jusqu'aux systèmes écologiques. Le couple variation/sélection est un concept lié à la contingence.

L'*absence de finalité* : on est au cœur des controverses. Comme on l'a vu, l'avancée des sciences induit l'affirmation d'une pensée déiste qui, dans la théologie naturelle, s'en remet aux lois de la nature inventées par le Créateur. Le concept de « loi » admet un déterminisme des phénomènes de la nature. Les physiciens et les astrophysiciens sont sensibles au déterminisme de leurs lois, qui leur permettent de prédire des résultats. Ils partent d'équations, de formules mathématiques qui conduisent à des découvertes sur la matière. Si, comme trop d'entre eux, ils campent sur cette approche idéaliste au sens de Platon, ils se retrouvent dans l'incapacité de comprendre l'évolution. À part quelques rares biologistes qui placent leurs croyances avant la science, tous les scientifiques recrutés par les adeptes du dessein intelligent proviennent de ces sciences fondamentales assises sur un formalisme mathématique puissant. Or ces sciences dures qui étudient les lois de la matière inerte, lorsqu'elles se confrontent à la vie, se ramollissent étonnamment, pourrait-on dire. Désolé, la vie restera toujours une inconnue pour toute tentative de mise en équation. C'est bien pour cela qu'il y a eu évolution, dont celle de l'Homme, même si rien n'était prévisible. Selon l'analogie de Stephen Gould, si on reprenait le film de la vie dans les mêmes conditions il y a quatre milliards d'années, nous aurions un autre spectacle de la nature.

L'absence de dessein : les remarques du paragraphe précédent prennent ici aussi toute leur pertinence. Il reste à faire mention des sciences de l'ingénieur. Les ingénieurs ne sont pas formés pour bricoler et encore moins pour concevoir des systèmes admettant de la variabilité incontrôlée, ce dont se réjouit tout conducteur d'automobile ou tout utilisateur d'ordinateur. La vie, l'évolution, c'est exactement l'inverse.

Hier comme encore plus aujourd'hui avec la conception assistée par ordinateur, les techniciens et les ingénieurs partent d'un projet et créent de merveilleux systèmes au vrai sens du terme. Mais, si géniaux soient-ils, ont-ils besoin de se considérer comme de « grands horlogers » ? Car lorsqu'ils sont confrontés à la diversité et à la complexité du vivant, avec une mention spéciale pour les biophysiciens et les biomécaniciens, ils se trouvent parfois décontenancés. Plutôt que d'adopter une attitude pleine d'humilité devant l'inventivité de la vie et de s'en inspirer, certains dérapent en se disant que, si la nature a pu inventer des structures et des fonctions aussi complexes, alors cela ne peut être dû qu'à une intelligence supérieure (supérieure à la leur, bien entendu). Que le hasard et la nécessité aient pu donner tout cela sans dessein leur est proprement inconcevable.

Fonction et *subordination* : les biologistes qui s'intéressent aux fonctions se montrent très sensibles à l'idée de dessein. De la transcription des gènes en protéines à la locomotion en passant par l'embryologie et la physiologie beaucoup s'en émerveillent et, devant tant de complexité, se laissent séduire par l'idée d'une finalité. Même si l'ontogenèse d'un individu depuis la rencontre de deux gamètes jusqu'à l'âge adulte suscite des interrogations fascinantes, ce qu'on appelle le « miracle de la vie » n'est pas un miracle accompli par une intelligence supérieure, mais tout simplement par une évolution faite de milliards d'années d'essais, d'erreurs et de sélections non dirigées.

La *complexité de l'œil* : si un William Paley martien venait m'observer en train d'écrire ces pages, il serait certainement émerveillé par la formidable efficacité de mon ordinateur qui, en plus de noter mes idées, les corrige, fait des suggestions, tandis que mon éditeur recevra le texte mis en page par Internet avant la fin de la journée. Mon ordinateur provient d'une suite de découvertes et de bricolages depuis l'invention de la pile par Volta. Les adeptes du dessein intelligent répondront qu'il a fallu chaque fois quelqu'un pour inventer et bricoler. Certes, mais, chaque fois, une invention a fait suite à une autre, et elles ont souvent été indépendantes les unes des autres et ont pris plusieurs siècles. Il en va exactement ainsi dans l'histoire de la vie. Si on démonte mon ordinateur ou si on dissèque mon œil, sans oublier mes mains, car je tape sur le clavier avec mes dix doigts, on ne peut que s'émerveiller de tant de complexité dédiée à des fonctions. À partir de là, deux attitudes sont possibles : s'en remettre béatement à une intelligence supérieure mettant fin à toute réflexion ; ou se mettre à chercher et à reconstituer l'histoire des techniques et celle de la vie. Aujourd'hui, l'évolution de l'œil est très bien comprise grâce à l'anatomie comparée, à la génétique et à l'évolution. Comprendre l'évolution de l'œil est une question de regard, car l'œil ne reste qu'un organe au service de notre intelligence.

Les créationnistes et les adeptes du dessein intelligent sont aveuglés par leurs croyances. Les premiers se contentent du monde tel qu'il est, tel qu'on leur a dit qu'il est ou tel qu'ils pensent qu'il est ; ils sont incapables de lever les yeux au-dessus de leurs petites vérités étriquées. Les seconds se complaisent dans des certitudes nourries par leur arrogance. Pour eux, seule une intelligence supérieure a pu faire mieux qu'eux. Que les premiers campent sur un archaïsme d'un autre âge ne surprend guère ; mais que des scientifiques, dont des prix Nobel, perpétuent les mêmes modes de réfutation de la théorie de l'évolution depuis un siècle et demi ne cesse d'étonner. Non seulement ils n'ont rien compris à la théorie de l'évolution, mais de plus, ils ignorent la formidable évolution de la biologie et des théories de l'évolution depuis Charles Darwin. La science avance, pas les archaïsmes. Avant d'aborder ce que sont les théories de l'évolution, amusons-nous à réfuter le tissu d'inepties pseudo-scientifiques des créationnistes et des partisans du dessein intelligent.

Chapitre 3

CRÉATION ET RÉACTION

30 juin 1860. Une réunion de l'Association royale pour l'avancement des sciences se tient devant une salle comble à l'Université d'Oxford. Charles Darwin vient de publier *L'Origine des espèces au moyen de la sélection naturelle*. Les 1 250 exemplaires de la première impression se sont vendus en un jour. La réaction est à la mesure de ce succès. La polémique fait rage et l'évêque anglican Samuel Wilberforce, doyen de Christ College à Oxford, s'est promis de régler son compte à Darwin. Face à lui, Thomas Huxley défend la théorie naissante de l'évolution. Un auditoire nombreux et impatient attend la confrontation entre « Samuel le mielleux », au verbe acerbe, et le « bulldog de Darwin », à l'intelligence fulgurante.

Wilberforce s'exprime en premier : il expose les bases de ce que sera la piètre épistémologie des créationnistes. À la fin de son intervention, il ne peut se retenir d'apostropher Huxley : « Monsieur Huxley, j'aimerais savoir : est-ce par votre grand-père, ou par votre grand-mère, que vous prétendez descendre du singe ? » L'interpellé saisit l'occasion : « Je prétends qu'il n'y pas de honte pour un homme à avoir un singe pour grand-père. Si je devais avoir honte d'un ancêtre, ce serait plutôt d'un homme : un homme à l'intellect superficiel et versatile qui, au lieu de se contenter de ses succès dans sa propre sphère d'activité, vient s'immiscer dans des questions scientifiques qui lui sont totalement étrangères, ne fait que les obscurcir par une rhétorique vide, et distrait l'attention des auditeurs du vrai point de la discussion par des digressions éloquentes et d'habiles appels aux préjugés religieux[1]. »

La salle, à commencer par les étudiants, applaudit Huxley et se moque de Wilberforce. Telle est la légende embellie au fil des récits. Ainsi a commencé la controverse entre les évolutionnistes et les créationnistes. Huxley et ses successeurs seraient surpris que nous en soyons encore là presque un siècle et demi plus tard. Car s'il est sorti en apparence vainqueur de l'échange, c'est grâce à sa rhétorique affûtée et non pas en délimitant les champs de la science et de la religion. Les créationnistes, comme nous allons le voir, se révéleront au contraire fort habiles,

---

1. Dominique Lecourt, *op. cit.*, p. 33-34.

d'autant que les scientifiques, trop confiants en leur méthode, auront la coupable faiblesse de négliger le terrain de l'épistémologie et autoriseront certains d'entre eux à rejoindre la croisade antiévolutionniste en faisant passer leurs convictions religieuses avant les sciences.

Au fil du temps, les opposants à l'idée d'évolution n'ont cessé de déployer divers moyens – des plus sérieux aux plus fallacieux – pour en saper la crédibilité. Voici une petite revue de ces arguments, en forme de cabinet de curiosités pseudo-scientifiques[2].

Quand la raison déraille

L'évolutionnisme explique la sélection naturelle... *par la sélection naturelle*

Se réclamant de *La Logique de la découverte scientifique* (1959) de Karl Popper[3], les antiévolutionnistes se complai-

---

2. Je reprends ici les principales objections relevées par John Rennie dans le numéro de juillet 2002 de *Scientific American*, dont il est le rédacteur en chef. (La version française est parue dans *Pour la Science*.) Mon ami et collègue Guillaume Lecointre, du Muséum national d'histoire naturelle de Paris, a récusé ces objections dans un article en ligne intitulé « Qu'est-ce que l'évolution ? » disponible sur le site du CNRS *SagaScience*. Les paragraphes qui suivent prolongent les réfutations de mes collègues, notamment en prenant des exemples dans le domaine de la paléoanthropologie.
3. Karl Popper, *La Logique de la découverte scientifique*, Payot, 2007.

sent à railler le caractère tautologique de la sélection naturelle : « La sélection naturelle affirme que ce sont les plus aptes qui survivent ; mais comme seuls les plus aptes survivent il ne peut y avoir de survie que des plus aptes. » Tout serait donc circulaire.

Il est vrai que la théorie synthétique de l'évolution, appelée aussi néodarwinisme car elle réaffirme la prééminence de la sélection naturelle comme processus de l'évolution, s'est enlisée dans une tautologie. Son « programme adaptationniste » a poussé jusqu'au ridicule les explications adaptatives de tous les caractères reconnus chez les espèces. Exemple type de raisonnement adaptationniste : « Si les oiseaux ont des ailes, c'est que la sélection naturelle a retenu de petites variations intervenues sur les membres antérieurs de leurs ancêtres dinosaures terrestres qui, au fil des générations, ont fini par prendre leur envol. » Ou encore : « Parmi nos ancêtres grands singes quadrupèdes au sol, certains se montraient plus aptes à marcher debout. Ils se sont trouvés avantagés quand ils sont arrivés dans les savanes ; et c'est ainsi qu'a débuté l'aventure humaine. »

Ce genre d'interprétation pose beaucoup de problèmes scientifiques et épistémologiques. Si on considère *a posteriori* que des différences entre des espèces sœurs ou très proches sont adaptatives, c'est-à-dire constituent des réponses aux pressions de l'environnement, il devient évident que les grands singes sont adaptés à la vie dans les arbres et les ancêtres de l'Homme à la vie dans les savanes. On appelle cela des explications *post hoc*. Outre que l'on

110

ignore ce que sont ces variations de caractères sur lesquels opère la sélection naturelle, cela implique un processus constant inscrit dans le long terme. Dès lors, les antiévolutionnistes ont beau jeu d'affirmer que la lenteur et l'irrégularité de ce qu'on appelle la microévolution, à savoir l'accumulation différentielle des différences de caractères d'une génération à l'autre, ne peuvent pas rendre compte de la diversité du vivant. De plus, l'évolution par l'adaptation s'avère difficile à appréhender, à moins de tomber dans de pseudo-explications panglossiennes.

Comment pallier les défauts de cette vision gradualiste de l'évolution, chère à Darwin ? Par ce qu'on peut appeler le « monstre prometteur ». Au cours de la première moitié du XXe siècle, la découverte des effets spectaculaires de certaines mutations affectant la morphologie a amené certains évolutionnistes à imaginer que de nouvelles espèces pouvaient apparaître de cette façon. C'est ainsi que, selon Jean Chaline, un mâle, forcément dominant, pourrait jouir d'une telle mutation et passer ainsi de grand singe quadrupède à préhumain bipède[4]. Les femelles, toujours à quatre pattes, se reproduiraient avec lui, engendrant une descendance de petits bipèdes lancés sur la piste de l'hominisation. Cette adaptation trop parfaite évoque l'action de la Providence venant, grâce à ce « monstre prometteur », nous sauver de la condition simiesque. De telles billevesées se sont retrouvées dans les programmes scolaires et la fic-

---

4. Jean Chaline, *Une famille peu ordinaire*, Le Seuil, 1994.

tion qu'est *L'Odyssée de l'espèce* ne nous a rien épargné sur
ce registre.

Ce n'est qu'en 1979 que Stephen Jay Gould et Richard
Lewontin ont proposé une critique sévère du programme
adaptationniste et de son caractère « panglossien ». On se
rappelle que, dans *Candide* de Voltaire, le bon docteur
Pangloss, caricature de Leibniz, est l'apôtre de la Providence et de l'échelle naturelle des espèces ; il ne cesse de
scander que « tout est pour le mieux dans le meilleur des
mondes possibles ». Voltaire est à la Providence ce que
Popper est à l'adaptationnisme. Depuis Gould, les évolutionnistes craignent d'être désignés comme panglossiens.

De fait, quand les créationnistes affirment que la théorie de l'évolution n'est qu'une interprétation qui ne vaut
pas mieux que celle des textes religieux, ils n'ont pas tout à
fait tort, car certaines explications pseudo-évolutionnistes
empruntent – ce n'est pas le moindre des paradoxes – des
mythes profondément ancrés dans la pensée occidentale
(adaptation/Providence ou gradualisme/scalisme). Bien
souvent d'ailleurs, ce qu'on s'empresse d'ériger en « nouveau regard sur l'évolution » n'est, sous un vernis pseudo-
scientifique, qu'une reprise de mythes inusables. Que les
créationnistes dénoncent les faiblesses épistémologiques
des récits sur l'évolution, rien de plus normal dans ces
conditions. Dans ce contexte, la sélection naturelle se présente comme une loi, ce qu'elle n'est pas[5]. En fait, Popper

5. Voir chapitre 4.

a fait cette critique de la sélection naturelle en 1944[6] et est revenu sur le sujet en 1972[7], en précisant que si la sélection naturelle s'apparente à un « truisme logique », elle écarte tout principe théologique. Entre-temps, il s'est mieux informé de ce qu'est la sélection naturelle avec le développement de la théorie synthétique de l'évolution[8].

L'évolution n'est qu'une théorie, pas un fait

La théorie et les faits sont intriqués dans une dialectique qui fait, justement, que la théorie évolue. C'est d'ailleurs une caractéristique des théories scientifiques que d'évoluer et parfois d'être réfutées car, justement, elles doivent prendre en compte tous les faits (observations, expérimentations, modélisations). Si une théorie est réfutée, elle est remplacée par une autre (on parle alors de changement de paradigme au sens de Thomas Kuhn). Le fait qu'une théorie soit réfutée ne signifie pas que la science se trompe, comme le martèlent les créationnistes, mais qu'elle avance puisqu'une nouvelle théorie vient alors rendre compte de tous les faits reconnus.

La théorie de l'évolution n'a rien d'une révélation. Elle s'est construite, presque laborieusement, à partir de faits. Les premiers systématiciens – qui étaient tous fort croyants – se

6. Voir *Misère de l'historicisme*.
7. *La Connaissance objective*, Flammarion, 1998.
8. Voir chapitre 4.

sont mis à observer, à comparer et à classer les espèces vivantes, inventant les sciences naturelles. Pour la majorité d'entre eux, qui étaient fixistes, cela traduisait le génie du Créateur. Mais d'autres se sont aperçus, toujours par l'observation des faits, que les espèces rassemblent des individus tous différents, en somme qu'il y a de la variabilité. Buffon en a déduit que les espèces n'étaient pas stables. Charles Darwin accumulera les faits, d'abord au cours de son long voyage sur le *Beagle*, puis au cours des vingt ans qui suivent grâce aux observations qui lui sont rapportées par des dizaines d'éleveurs. C'est en rapprochant les faits dont il disposait sur les variations des espèces domestiques et ce qu'en faisaient les éleveurs (sélection artificielle) qu'il a inventé la sélection naturelle. Si Darwin a tant tardé à publier sa théorie, c'est qu'il n'avait de cesse de réunir les faits nécessaires à sa consolidation.

Les grands voyages ont produit des faits qui embarrassaient le dogme créationniste. Amerigo Vespucci, compagnon de Christophe Colomb qui explora le continent américain, lequel lui doit son nom, répertorie une magnifique diversité de nouvelles espèces. Mais, se rendant compte que toutes ces faunes n'auraient jamais pu embarquer sur l'Arche de Noé, il détruit ses notes pour ne pas avoir d'ennuis avec l'Inquisition. L'Arche de Noé étant trop petite – c'est un fait –, la seule solution était d'éliminer les faits (et au besoin ceux qui les rapportaient). Les amis de Darwin – Russel Wallace, Thomas Huxley, John Hooker – étaient des voyageurs qui, ayant eux-mêmes collecté une foule de faits et d'observations, n'éprouvaient guère de difficulté à soutenir leur mentor.

Bien évidemment, les faits ne suffisent pas. Certains donnent lieu à des hypothèses, puis à des théories (en vertu d'un processus qu'on appelle induction) ; par ailleurs, les théories conduisent à découvrir d'autres faits (par déduction). C'est ainsi qu'Alfred Wegener, ayant participé à des expéditions scientifiques, a imaginé la théorie de la dérive des continents en 1915. Mais il a fallu attendre un demi-siècle pour qu'elle soit admise lorsqu'on a découvert le processus tectonique poussant les plaques de la croûte terrestre. Darwin, lui, a découvert le processus qui explique les dérives des espèces, la sélection naturelle. La veille de la publication de *L'Origine des espèces*, Thomas Huxley s'exclamait : « Comment ne pas y avoir pensé plus tôt ! » Il fallait « juste » disposer de suffisamment de faits pour que cela devienne un peu plus qu'une hypothèse.

La théorie de l'évolution conduit à rechercher d'autres faits, des preuves de l'évolution, en particulier des fossiles. Non seulement la théorie donne sens aux faits, les fossiles déjà connus, mais elle incite à en rechercher d'autres, ce que le programme paléontologique ne cesse de faire. Une paléontologie se bornant aux fossiles déjà découverts reste une science descriptive. Georges Cuvier contre Jean-Baptiste de Lamarck en France ; Richard Owen et Louis Agassiz contre Charles Darwin plus tard : autant de grands paléontologues qui refusent l'évolution. La célèbre controverse à l'Académie des sciences de Paris dans les années

1830 entre Georges Cuvier et Étienne Geoffroy Saint-Hilaire montre que se cantonner aux seuls faits (Cuvier était fixiste) ou bien se laisser trop aller à de pures spéculations théoriques (Saint-Hilaire est transformiste) aboutit à une impasse. Après cette polémique, la théorie de l'évolution accusera un sérieux retard long de plus d'un siècle en France, alors qu'à l'époque nos savants devançaient tous leurs collègues étrangers.

Depuis ce temps, la France nourrit une rancune tenace envers Darwin. Alors on réhabilite Lamarck, pourtant si mal considéré en son temps et même ridiculisé par Cuvier dans son éloge funèbre. Lamarck est un génie et, selon l'expression de Jean Rostand, ce fut « le premier à proposer une théorie positive de la transformation des espèces ». Le transformisme repose sur l'idée que les espèces se transforment grâce à une tendance à se perfectionner en réponse aux circonstances. Cette dialectique entre les propriétés internes des espèces et l'environnement extérieur est aussi celle de la sélection naturelle, dans son principe, mais pas dans ses mécanismes. Darwin a raillé cette « tendance à se perfectionner » de Lamarck, ce qui aggrave son cas de ce côté-ci de la Manche.

On trouve chez Lamarck les fondements du dessein intelligent. La tendance à se perfectionner reprend en effet une idée aussi vieille que la pensée occidentale, Lamarck laissant à la nature le soin de mettre en œuvre un plan naturel représenté par la *scala natura*, l'échelle naturelle des espèces. Avant même que Darwin ne trouve sa dernière demeure dans l'abbaye de Westminster en 1882, aux côtés d'Isaac Newton, sa théorie a été détournée vers le finalisme par Herbert Spencer en Angleterre, Clémence Royer en France, Ernst Haeckel en Allemagne, qui reprend dans sa « loi biogénétique fondamentale » l'idée de principe vitaliste propre à la *Natürphilosophie* allemande. Certains y voient le triomphe du fantôme de Lamarck. Tous croient lire dans l'histoire de la vie une finalité qui la transcende : l'Homme. Mais alors que dire de toutes les autres branches de l'arbre du vivant ? Pas grand-chose.

Aujourd'hui, en France, Anne Dambricourt-Malassé reprend à son compte les mêmes principes sous d'autres termes. Elle a « découvert » une loi interne, la « loi biodynamique fondamentale » qui aboutirait à l'Homme. Un siècle s'est écoulé entre la « loi biogénétique fondamentale » et la « loi biodynamique fondamentale », un siècle qui a vu l'essor de la génétique, de la paléoanthropologie, de la préhistoire et de l'éthologie des grands singes, autant de faits que ne sauraient altérer le dessein intelligent et tous ses avatars jargonnants. Un jour, j'ai fait remarquer à ma collègue qu'une base de crâne fléchie comme chez l'Homme – clé de voûte de tout son édifice théorique – se retrouvait chez d'autres espèces, comme les paranthropes, les descendants de Lucy. Elle m'a répondu que cela ne comptait guère puisque la base de leur crâne était « chaotique ». J'ai eu beau rechercher ce qu'est un caractère chaotique dans tous les travaux que je connaissais sur cette question centrale dans notre discipline, pas un mot !

117

Jusqu'à ce que je comprenne que c'était en fait du Haeckel recyclé : il n'y aurait qu'un seul fil dans l'histoire des espèces, une seule phylogenèse ; et tout le reste serait « chaotique ».

Le créationnisme comme le dessein intelligent n'ont pas besoin des faits. Ils ne proposent aucun protocole de recherches destiné à en produire de nouveaux. Alors qu'une théorie scientifique œuvre sans cesse à la recherche de faits pour l'affirmer et surtout pour la réfuter, le créationnisme et le dessein intelligent sont des dogmes. Tout est déjà écrit. Éliminez les faits. Circulez ! Il n'y a rien à voir, seulement à croire.

Au contraire, la paléoanthropologie moderne est une science qui produit des modèles et des hypothèses faisant apparaître des faits. Il en est bien ainsi de l'*East Side Story*. Au début des années 1980, Yves Coppens construit une synthèse à partir des connaissances disponibles sur les plus anciens fossiles de la lignée humaine, la répartition des grands singes en Afrique, les nouvelles classifications de l'Homme et des grands singes, et les données acquises en géologie sur la formation du grand Rift africain. Sur ces bases, il avance l'hypothèse que notre lignée serait apparue à l'est des vallées du Rift : c'est l'*East Side Story*. Ce modèle explique l'ensemble des faits connus et sa valeur heuristique amène diverses expéditions sur le terrain. En 2000, une équipe dirigée par Martin Pickford et Brigitte Senut met au jour *Orrorin*, un fossile du Kenya daté de six millions d'années. Un nouveau fait qui confirme l'*East Side Story* !

Deux ans plus tard, l'équipe dirigée par Michel Brunet découvre Toumaï, sensiblement plus âgé que le précédent[9]. Seulement, il se trouve à trois mille kilomètres du mauvais côté de l'*East Side Story*. Cela signifie-t-il qu'Yves Coppens s'est « trompé », que l'*East Side Story* n'est pas « scientifique » ? Dire cela, c'est n'avoir rien compris à ce qu'est une démarche scientifique. Yves Coppens a soutenu ces deux équipes et a signé les publications décrivant ces deux magnifiques découvertes. On a perdu un modèle, on a trouvé deux nouveaux fossiles, et nous attendons un autre modèle : celui d'un dernier ancêtre commun qui prenne en compte ces nouvelles données fossiles, mais aussi la génétique et les grands singes[10]. Ainsi va la science. Cette merveilleuse aventure et ces fossiles n'auraient jamais vu le jour sans la théorie de l'évolution.

Personne n'a jamais vu une espèce évoluer

Certes. Mais qui a vu Dieu créer le Soleil et la Lune ? C'est la question qu'a posée, lors du procès de Dayton en 1925, le défenseur de l'infortuné enseignant à son accusateur, William Bryan. Comment Dieu avait-il créé le Soleil et la Lune le deuxième jour de la Création ? Lorsque les créationnistes se trouvent convoqués à la barre des scien-

---

9. Voir Michel Brunet, *D'Abel à Toumaï*, Odile Jacob, 2006.
10. Voir Pascal Picq, *Au commencement était l'Homme. De Toumaï à Cro-Magnon*, Odile Jacob, 2003.

ces, ils se couvrent de ridicule. Les mythes n'ont pas vocation à être sur le terrain des sciences. Dans une nature et un monde qui changent tout le temps, seuls les créationnistes n'évoluent pas.

À l'opposé, Guillaume Lecointre a donné plusieurs exemples d'apparition de nouvelles espèces de plantes, d'insectes et de mammifères au cours de l'histoire récente. Par exemple, les souris de Madère (*Mus musculus domesticus*), arrivées avec les navigateurs portugais. On peut citer aussi toutes les souches bactériennes sélectionnées involontairement par les hommes, comme dans nos hôpitaux (maladies nosocomiales). Pour les mammifères, mentionnons l'exemple des tigres de Sumatra[11]. Des espèces peuvent surgir rapidement, même s'il est vrai que des observateurs présents sur le terrain rencontrent de réelles difficultés pour le constater. En fait, même en étant présent, on ne peut remarquer la formation d'une nouvelle espèce qu'une fois le divorce consommé par rapport à l'espèce souche.

Prétendre que la théorie de l'évolution est fausse parce qu'on ne peut pas observer la formation d'une espèce me rappelle une scène délicieuse d'une aventure d'Astérix le Gaulois intitulée *Le Domaine des Dieux*. Les adversaires du village des Gaulois tentent de détruire la forêt qui les nourrit et les protège en arrachant les arbres. Après chaque sac-

---

11. Voir Pascal Picq et François Savigny, *Les Tigres*, Odile Jacob, 2004.

cage d'une parcelle, Astérix et Obélix reviennent pour jeter des glands, traités spécialement par le druide, dans les trous béants laissés sur le sol. Les glands touchent à peine la terre que de magnifiques chênes poussent d'un coup pour atteindre une belle taille adulte. Astérix, stupéfait, s'exclame : « Tu as vu à quelle vitesse il a poussé ? » Et Obélix de répondre : « Je n'en sais rien, je n'ai jamais vu un chêne pousser ! »

Plus sérieusement, la question de savoir comment une espèce se forme – ce qu'on appelle la spéciation – reste le problème le plus difficile. On est là au cœur de la théorie de l'évolution et on comprend tout le sens du titre donné par Darwin à son livre majeur : *L'Origine des espèces au moyen de la sélection naturelle.* Pour autant, cela ne signifie en rien que la théorie de l'évolution n'est pas capable de rendre compte de l'apparition de nouvelles espèces. La paléontologie ne cesse d'accumuler des preuves de l'évolution des espèces : des espèces apparaissent, certaines sont à l'origine de nouvelles lignées, alors que d'autres s'éteignent. Plusieurs modèles de spéciation permettent de rendre compte de ces observations.

La spéciation géographique. Les fossiles et la génétique confirment l'existence d'un ancêtre commun aux hommes de Neandertal (*Homo neanderthalensis*) et à nous autres *Homo sapiens* : c'est *Homo heidelbergensis*. Il y a environ 500 000 ans, des populations se sont trouvées isolées dans l'Europe glaciaire. On suit l'évolution de la lignée néandertalienne grâce à une belle série de fossiles : Tautavel, Gran Dolina, Biache, Petralona, Steinheim, etc. De même pour notre lignée *Homo sapiens* sur le continent africain avec les fossiles de Ngaloba, Omo Kibish, Saldanha, Herto, etc. Que d'os, que de faits ! Puis, quand ces hommes se sont rencontrés vers 100 000 ans au Proche-Orient, ils ont conservé leurs morphologies respectives, même si des échanges – tout au moins culturels – ont pu avoir lieu pendant des millénaires. Actuellement, un faisceau de travaux indépendants sur la morphologie, l'ontogenèse, la paléontologie et la génétique converge pour indiquer qu'il y avait bien deux espèces différentes à partir d'un ancêtre commun.

Ce scénario est assez récent. Il n'y a pas si longtemps que cela les paléontologues n'arrivaient pas à sortir d'une vision gradualiste, comme s'il y avait eu une seule espèce/lignée d'*Homo habilis* à *Homo sapiens*. C'est justement en redéfinissant la notion d'espèce et en revenant sur les modes de spéciation qu'on a pu dégager les travaux sur la lignée humaine de l'idée de processus progressif et linéaire orienté vers l'Homme.

La spéciation périphérique. Dans les années 1970, Niels Elredges et Stephen Jay Gould ont formulé la théorie des équilibres ponctués. Les espèces paléontologiques seraient relativement stables pendant de longues périodes – entre quelques centaines de milliers d'années et un million d'années –, puis elles disparaîtraient ou donneraient d'autres espèces sous l'effet d'événements brefs, les ponctuations. Cela ne signifie pas qu'il n'y aurait pas de formes intermédiaires. Seulement, la probabilité pour que celles-ci se fossilisent, multipliée par la probabilité de les retrouver, donne des chances infimes de mettre la main dessus. L'absence de données ne signifie pas qu'il n'y a rien eu.

Si on en restait là, on tomberait dans ce que j'appelle le « paradoxe de Gould » : la meilleure façon de prouver les équilibres ponctués consiste à ne pas aller chercher de fossiles ! C'est exactement l'attitude des créationnistes et des tenants du dessein intelligent : se contenter d'une certitude et surtout ne rien faire qui puisse la contrarier. Pour le paléontologue, bien au contraire, il importe de rechercher des couches géologiques susceptibles de documenter les périodes de transition.

C'est ainsi qu'il y a dix ans à peine, les paléoanthropologues dont je suis s'accordaient pour voir un beau cas d'équilibre ponctué entre les « premiers hommes » *Homo habilis* et *Homo rudolfensis* d'un côté et *Homo ergaster* de l'autre. De nombreux travaux sur la définition du genre *Homo*, le genre humain, allaient dans ce sens[12]. Cependant, l'espèce fille, *Homo ergaster*, s'est avérée contemporaine des espèces souches pendant plusieurs centaines de milliers d'années. Comment l'expliquer ? Par la spéciation périphérique. Elle opère comme le modèle précédent, sauf qu'elle concerne de petites populations situées en périphérie, susceptibles aussi rapidement de disparaître que de

---

12. Pascal Picq, *Au commencement était l'Homme, op. cit.*

former une nouvelle espèce par dérive génétique. Inutile de préciser que les chances de retrouver des formes intermédiaires sont quasiment nulles. Mais il ne faut jamais dire jamais en paléoanthropologie. Car si la théorie des équilibres ponctués est satisfaisante d'un point de vue intellectuel, elle incite les paléoanthropologues à rechercher d'autres fossiles avec une belle obstination. Ceux de Dmanisi en Géorgie – région périphérique par rapport à l'Afrique – présentent une mosaïque de caractères intermédiaires entre *Homo habilis* et *Homo ergaster*. Je ne prétends toutefois pas qu'*Homo ergaster* soit apparu hors d'Afrique ; mais le cas de Dmanisi illustre la spéciation périphérique. Nous ne manquons pas d'exemples ; mais, pour les connaître, il faut s'instruire un peu et ne pas écarter les faits.

La paléontologie et la documentation fossile permettent de décrire des modes de spéciation. Seulement, ces processus prennent du temps : les espèces ne se forment pas en un jour[13], ce que n'ont évidemment pas compris les créationnistes. Qu'ils ne comprennent pas est une chose, qu'ils en fassent le reproche à la théorie de l'évolution en

---

13. Darwin a assisté au tremblement de terre qui a frappé Valparaiso en 1833. Il a noté l'élévation brutale des couches géologiques, confirmant l'idée encore récente à l'époque que les reliefs de la Terre résultaient de forces naturelles se manifestant sur de longues durées. La brusque élévation des couches géologiques est un événement discret, comme l'apparition d'une nouvelle espèce. Mais cet événement est la conséquence de poussées continues qui créent des tensions entre les plaques.

est une autre. On ne voit pas les continents se déplacer : doit-on récuser la tectonique des plaques ? On ne voit pas l'érosion faire son œuvre : les montagnes sont-elles éternelles, comme les neiges qui les coiffent ? Jour après jour, je ne me vois pas vieillir ; et puis, quelqu'un a la malencontreuse idée de ressortir l'album de famille. C'est cela la paléontologie : des instantanés qui balisent une vie. À côté de moi, mes enfants me taquinent : une génération fille côtoie la génération mère, comme *Homo habilis* et *Homo ergaster*. Voilà ce qu'est l'évolution des espèces.

Les évolutionnistes expliquent bien la microévolution, mais pas la macroévolution

La macroévolution correspond à l'apparition de nouvelles espèces (spéciation) et de lignées (cladogénèse). La microévolution décrit les variations des caractères des populations d'une génération à l'autre. La théorie darwinienne classique postule le gradualisme phylétique, c'est-à-dire l'accumulation de petits changements au fil des générations, la descendance avec modification, ce qui conduit, au fil du temps, à l'apparition d'une nouvelle espèce. À quel endroit d'une lignée décide-t-on du passage d'une espèce ancestrale à une espèce fille ? Cette question n'a pu être abordée tant que la documentation fossile révélait des espèces nettement séparées. Toutefois, l'accumulation de données a mis en évidence des lignées de plus en plus complètes et même différentes. En vingt ans, l'arbre censé représenter la lignée humaine avec son tronc unique s'est transformé en un magnifique buisson. Jusqu'aux années 1980, on postulait une seule lignée d'*Homo habilis* à *Homo sapiens*. Heureusement, la phylogénétique systématique ou cladistique, la théorie des équilibres ponctués ainsi que de nouvelles recherches sur les modes de spéciation nous ont sortis de ce mauvais pas[14].

Si les créationnistes abhorrent la macroévolution, ils s'accommodent fort bien de la microévolution. Forcément, puisque la Bible et les religions qui en dérivent apparais-

---

14. On n'est certainement pas arrivé au bout de la diversité passée de notre lignée. Les fossiles *Ardipitheus ramidus*, *Sahelanthropus tchadensis* et *Orrorin tugenensis* ont comblé le vide autour du dernier ancêtre commun. Les discussions quant à savoir lequel d'entre eux est le premier représentant de la lignée humaine illustrent une situation inédite : il y a presque trop de fossiles.
Lorsque Leakey et son équipe annoncent la découverte de *Kenyanthropus platyops,* daté de 3,5 millions d'années, donc contemporain des autres espèces d'australopithèques déjà connues, c'est pour signifier qu'il y a plusieurs lignées contemporaines. D'autres chercheurs contestent une telle diversité de lignées, comme Michel Brunet, Tim White, Thackeray, etc. Dans ce cas, on retrouve une lignée humaine moins buissonnante, mais témoignant d'une belle succession d'espèces fossiles avec toutes les transitions. Que l'on adopte une vision cladistique – plusieurs lignées – ou plus gradualiste – une grande lignée avec peu de divergences –, on ne peut pas dire qu'on manque de formes de transition. Les discussions portent en fait sur les modes possibles de transition.
Ayant précisé cela, il reste encore beaucoup de parties de notre arbre phylogénétique à combler. Nous ne connaissons presque rien de la lignée des grands singes africains. Nous manquons aussi de fossiles

sent chez des peuples d'agriculteurs et d'éleveurs qui ne cessent de sélectionner des variétés et de favoriser ainsi la microévolution, ce qui a inspiré Darwin pour la sélection naturelle… et la macroévolution. Les enfants ressemblent à leurs parents tout en étant différents ; la morphologie – la taille et la forme – moyenne des populations humaines a changé au cours de l'Histoire, notamment depuis la Seconde Guerre mondiale. Pour autant, nous formons toujours la même espèce *Homo sapiens*. Ces différences exprimeraient des variations autour d'un type immuable.

---

datant d'avant le dernier ancêtre commun, entre 10 et 7 millions d'années. Il est possible, mais c'est une hypothèse, que ses ancêtres n'aient pas été africains mais eurasiatiques. Les paléontologues savent pertinemment qu'on ne retrouvera jamais de vestiges de toutes les espèces ayant vécu dans le passé. Mais on progresse, parfois très vite comme en témoigne l'extraordinaire moisson des dix dernières années.

Si on sort de la lignée humaine pour s'intéresser aux origines des oiseaux, les découvertes récentes faites en Chine livrent une situation comparable avec plusieurs lignées comme autant de formes de transition possibles, mettant un terme à l'isolement du seul chaînon non manquant connu depuis l'époque de Darwin, l'*Archeopteryx*. Autre découverte fabuleuse, le *Tiktaalik*, magnifique fossile de transition entre les « poissons » et les premiers tétrapodes terrestres. En paléontologie, il faut un peu de patience car, dans ce domaine, tout n'est pas écrit. Nous connaissons ce qui fait l'évolution – variabilité, sélection, contingence, changements d'environnement – et on retrouve toujours plus de témoignages fossiles qui racontent comment et quand elle s'est accomplie.

Or, comme on le « sait » depuis Platon, les idées viennent du ciel et sont fixes. Donc, toujours d'après les créationnistes, les évolutionnistes se trompent en pensant que ces variations peuvent, dans les circonstances évoquées précédemment, donner de nouvelles espèces. En simplifiant, les créationnistes défendent une conception centripète de la variation, alors que les évolutionnistes admettent une conception centrifuge. Pour les créationnistes, Dieu a créé une dynamique de l'équilibre, les variations se régulant autour d'un type fixe. Si les herbivores deviennent trop nombreux, leurs effectifs seront ajustés par le manque de nourriture ou par les prédateurs. Si ces derniers abattent trop de proies, ils connaîtront aussi des périodes de crise avant de retrouver un effectif idéal. Cette idée providentialiste se retrouve dans les textes des naturalistes fixistes des XVIIᵉ et XVIIIᵉ siècles, ainsi que chez les écologistes actuels allergiques à Darwin. On note aussi la présence sous-jacente de cette conception dans des réalisations à grand succès, et fort bien faites, des productions Walt Disney, comme *Le Roi Lion* ou *Un homme parmi les loups*. Après tout, si de telles croyances servent à préserver les écosystèmes au nom du respect de l'œuvre du créateur, pourquoi pas ? Hélas, les politiques de conservation fondées sur l'idée d'équilibre immuable des écosystèmes conduisent à des désastres car, justement, elles ne prennent pas en considération les conditions d'évolution de ces systèmes.

Microévolution, macroévolution et spéciation recouvrent une seule réalité : la variabilité, matière première de l'évolution. Même si cette notion était présente en sciences naturelles depuis le XVIIIᵉ siècle, comme chez Buffon, on doit à Darwin le passage du concept de l'espèce typologique composée d'individus variant à partir d'un type à celui d'espèce constituée d'une assemblée d'individus tous différents les uns des autres. Toutefois, on ne se débarrasse pas aisément de la notion d'espèce typologique. Lorsque Darwin se retrouve dans l'archipel des Galápagos lors de son grand voyage, il capture des pinsons sur les différentes îles, notant des variations morphologiques dans la taille du corps et du bec. De retour en Angleterre, il en confie l'étude à l'ornithologue John Gould. Ce dernier conclut qu'il s'agit de différentes espèces, forcément des espèces typologiques. Mais Darwin, lui, comprend que ces espèces de pinsons, toutes issues de la même souche, les pinsons d'Amérique du Sud, ont divergé et se sont adaptées à leurs conditions locales respectives. Comme il l'expliquera dans *L'Origine des espèces* en 1859, ces populations se sont adaptées au moyen de la sélection naturelle, qui opère sur une variabilité naturelle dont il ignorait la source. Depuis plus de vingt ans, ces oiseaux, appelés aussi pinsons de Darwin, font l'objet d'études continues. Peter Grant et son équipe suivent l'évolution de la variabilité des caractères, notamment de la taille du bec[15], dans ce qui est un laboratoire vivant et naturel permettant de mieux comprendre les différents processus qui peuvent mener à l'apparition de nouvelles espèces.

---

15. Peter Grant, *in* H. Le Guyader, *L'Évolution*, Belin, 1998.

Faute d'une machine à remonter le temps, on ne peut prouver l'évolution

Eh bien, si, les scientifiques ont une machine à remonter le temps : c'est la paléontologie ! Pour la petite histoire, rappelons que H. G. Wells, l'auteur de *La Machine à remonter le temps* (1895), était très intime avec Thomas Huxley. Ses connaissances sur l'évolution l'ont d'ailleurs amené à écrire des œuvres prémonitoires comme *L'Île du docteur Moreau* (1896), qui augure de nos débats actuels sur les manipulations génétiques et, bien sûr, *La Guerre des mondes*, où les hommes sont sauvés par les agents pathogènes qui déciment les vilains Martiens. Car les hommes ont acquis des défenses immunitaires contre ces agents au cours de l'évolution. Ainsi est-ce elle qui les sauve.

Même si nous avions une machine à remonter le temps[16], cela ne changerait rien puisque les conditions d'observation seraient les mêmes que dans la nature actuelle. Si, grâce à une telle machine, je pouvais avoir l'immense bonheur de me retrouver aux Galápagos en compagnie de Charles Darwin, les conditions d'étude seraient les mêmes que pour Peter Grant et ses collaborateurs aujourd'hui. Si les créationnistes ne comprennent pas

---

16. Je recommande aux créationnistes et aux adeptes du dessein intelligent de tenter quand même de construire cette machine selon *Les Recommandations pour la construction d'une machine à remonter le temps* d'Alfred Jarry, fondateur de la pataphysique.

ce qui se passe dans la nature d'aujourd'hui, comment pourraient-ils faire mieux dans le passé ?

L'évolution n'est pas étayée puisque les scientifiques changent tout le temps d'avis

Prétendre que l'avancée des connaissances relève de la versatilité dénote une incompréhension abyssale de ce qu'est la science[17]. Bien au contraire, c'est parce que la théorie de l'évolution est bien étayée qu'elle intègre toutes les connaissances des sciences de la vie et de la Terre, sans oublier les disciplines médicales. La science est un ensemble de connaissances en perpétuelles construction et reconstruction. Tester les hypothèses, améliorer les théories, changer de paradigme, ce n'est pas changer d'avis. Toutes les sociétés nationales et internationales pour l'« avancée des sciences » s'inscrivent justement dans cette démarche qui est un *work in progress.*

L'histoire de la paléoanthropologie illustre au contraire comment les avis arrêtés et les abus d'autorité de quelques savants ont freiné cette progression. La trop célèbre fraude

---

17. Tout le monde connaît le précepte de la Bible : « Avant de railler la paille dans l'œil de son voisin, pense à la poutre que tu as dans le tien. » Je renvoie au livre de Jacques Arnould sur la diversité des chapelles créationnistes. Comment peuvent-ils autant diverger à partir d'un même texte censé dire une vérité ?

de Piltdown[18] a duré de 1911 à 1954 simplement parce que les protagonistes de cette affaire avaient un avis sur ce que devait être le premier représentant de la lignée humaine, tout comme une partie de la communauté des paléoanthropologues. Pendant ce temps, Raymond Dart découvrait les australopithèques en Afrique du Sud, mais on les a écartés de notre lignée pendant plus de trente ans. En effet, en ce début du XXᵉ siècle, on recherchait nos origines surtout en Europe avec quelques interrogations à propos de l'Asie (Pithécanthropes de Java à partir de 1891 et Sinanthropes de Chine à partir de 1926). En tout cas, l'avis dominant était : « Tout sauf en Afrique. » Quand une discipline scientifique campe sur des opinions tranchées, elle se comporte exactement comme les créationnistes avec leurs dogmes. Le dogme de la supériorité des Européens les a conduits à ignorer l'hypothèse proposée par Darwin en 1871 des origines africaines de la lignée humaine.

À l'inverse, les controverses actuelles autour des origines de la lignée humaine ne traduisent pas la faiblesse de la paléoanthropologie et encore moins un changement d'avis. Au contraire, nous sommes confrontés à des questions auxquelles nous nous attendions. Avec des fossiles comme

---

18. On pensait pour des raisons idéologiques que les origines de l'Homme se situaient forcément en Europe ; à cela s'ajoutait le mythe de l'échelle naturelle des espèces réclamant un fossile avec un corps de grand singe et un crâne d'Homme. Piltdown fut fabriqué exactement comme cela !

Orrorin et Toumaï, proches du dernier ancêtre commun à la lignée des chimpanzés et à celle des hommes, il nous faut redéfinir les caractères propres à chaque lignée. Auparavant, avant l'année 2000, les plus anciens fossiles connus se situaient bien après le dernier ancêtre commun ; ils étaient donc bien engagés sur la lignée humaine[19]. Quand on se rapproche du dernier ancêtre commun, il est évident que les fossiles présentent un ensemble de caractères moins dérivés. Mais on n'a pas changé d'avis : il y a bien un dernier ancêtre commun et, pour l'heure, les fossiles qui s'en approchent nous obligent justement à revisiter des points de vue jusqu'alors bien trop tranchés sur les origines de la bipédie ou des petites canines.

Une fois de plus, ce qui entrave nos avancées autour du dernier ancêtre commun vient moins de la science que de la quête qui persiste toujours en paléoanthropologie d'une origine métaphysique de la lignée humaine, comme la bipédie, toujours bien ancrée sur le scalisme... pourtant piétiné par les grands singes ! Il ne faut pas confondre controverse scientifique et débat d'opinion. La démarche scientifique consiste à toujours réinterroger ses modèles, qui restent vrais tant qu'ils ne sont pas réfutés. On finit toujours par les faire évoluer : c'est ce qu'on appelle changement de paradigme. Les créationnistes, eux, cultivent les controverses, non pour produire ce type de changements, mais pour imposer leur vérité !

---

19. Sauf toutefois pour *Ardipithecus ramidus*, voir Pascal Picq, *Au commencement était l'Homme, op. cit.*

Si parfois les sciences n'avancent pas assez vite, c'est à cause de tous ces avis qui leur font obstacle. Situation dramatique et presque criminelle dans le cadre de la recherche médicale. Les avis des créationnistes qui affirment que le sida est un fléau de Dieu contre la luxure ou autres préjugés comme celui qui accuse l'Occident d'avoir développé cette maladie pour nuire aux pays africains ont des effets sur les politiques budgétaires comme sur le développement des actions à mener. En France, la tradition philosophique est si arc-boutée sur une définition métaphysique de l'Homme que nous sommes très en retard pour les recherches en éthologie. Conséquence : aucun laboratoire français dans le consortium international pour le séquençage du génome des grands singes[20]. L'avalanche de

---

20. Depuis plus de dix ans, j'œuvre pour qu'on élargisse nos recherches sur les origines de l'Homme en prenant en considération les études sur les grands singes. On a accompli des progrès, mais il reste beaucoup à faire car, de l'avis de trop d'anthropologues et de paléoanthropologues, peu importent ces grands singes dans le microcosme des certitudes anthropocentriques. Toujours à propos des origines de notre lignée, on préfère repousser le dernier ancêtre commun dans les profondeurs du temps – vers 10 millions d'années – plutôt que de changer d'avis sur les caractères « propres » à notre lignée. Si j'utilise l'expression de « caractères propres », c'est en référence à tous ces avis bien tranchés sur le « propre de l'Homme », opinions d'autant plus affirmées qu'elles ont été forgées en toute ignorance de ce que sont ces grands singes. Les gens qui contestent l'existence de l'empathie, de la sympathie, de la théorie de l'esprit, de la culture, de la réconciliation, etc., chez les grands singes (pour ne parler que de ces espèces) le font par préjugé et non sur la base de connaissances objectives (voir Pascal Picq et Yves Coppens, *Le Propre de l'Homme. op. cit.*).

publications issues de ces recherches, notamment pour la recherche médicale, montre combien un avis immuable sur notre éminente différence entrave l'avancée des recherches.

Si l'Homme descend du singe, pourquoi reste-t-il des singes ?

Imaginez que je dise à mes parents : je ne suis pas votre fils parce que vous êtes encore de ce monde ! Voilà le parfait exemple de la fallacieuse rhétorique « willberforcienne » des créationnistes.

Au sens classique de ce terme, les singes ou Simiiformes représentent plus de cent trente espèces réparties sur l'Afrique, l'Asie, l'Europe, l'Amérique du Sud. Dans toutes les classifications des espèces, qu'elles soient fixistes, transformistes, évolutionnistes ou cladistiques, l'Homme fait partie des singes. Certains sont plus proches de nous que des autres singes, ce sont les grands singes, groupe auquel nous appartenons aussi[21]. Toutefois, dire que l'Homme descend du singe, c'est effectuer un amalgame grossier de

---

21. Des naturalistes comme Linné, aussi croyant que fixiste, ainsi que tous les plus grands esprits du XVIIIᵉ siècle, avaient déjà noté la plus grande ressemblance entre l'Homme et les grands singes. À cette époque, un infortuné orang-outang figurait au Jardin du Roy, notre actuel Jardin des Plantes. Ce grand singe étrangement humain attirait les foules. Le cardinal de Polignac, par ailleurs très cartésien, se présenta devant la cage et dit : « Parle, et je te baptise. » (Diderot, *Lettre à d'Alembert.*)

plus d'une centaine d'espèces sans tenir compte des relations de parenté, donc de l'évolution. Le groupe des singes est apparu il y a plus de 40 millions d'années et n'a pas cessé de se diversifier depuis. Tous les singes actuels – y compris les hommes et les grands singes – sont donc récents. Ce sont les représentants contemporains de lignées différentes qui ont divergé au cours de l'évolution et proviennent bien de singes, mais fossiles.

Lorsqu'on lâche sans précaution que l'Homme est un singe, la réaction de rejet est immédiate. Il existe une longue tradition de diabolisation du singe qui se retrouve chez les théologiens, les philosophes et les humanistes de tous poils. Encore un de ces avis doctement affirmés sur la foi de l'ignorance et de l'arrogance ! Est-ce un hasard si les recherches sur les singes au sens large accusent tant de retard dans beaucoup de pays, notamment en France ? Car, si on se donne la peine d'adopter un regard scientifique, alors tout *a priori* s'efface[22]. On découvre une diversité fascinante d'espèces, toutes différentes les unes des autres, certaines avec des caractéristiques étonnantes, comme l'Homme. Notre bipédie, notre langage, nos outils, notre cerveau sont autant de caractères particulièrement évolués, même s'ils se retrouvent plus ou moins esquissés ou développés chez d'autres espèces. Ainsi l'Homme est-il très différent de ses frères d'évolution les plus proches, tout en restant parmi eux.

---

22. Pascal Picq *et al.*, *Les Grands Singes, op. cit.*

L'expression « l'Homme descend du singe » est l'une des plus grosses bêtises jamais énoncées, tellement énorme qu'elle s'est insinuée dans les travaux scientifiques les plus sérieux. Chaque année, je donne à des étudiants en médecine des articles de recherche à lire et à commenter. L'année dernière, ils ont travaillé sur l'excellent dossier publié dans la revue *Nature* autour du séquençage du génome du chimpanzé[23]. Quelle ne fut pas leur surprise de lire dans plusieurs de ces articles écrits par des généticiens de premier plan ce genre de propos : « Grâce à ces résultats, nous pourrons bientôt trouver comment les hommes ont acquis des caractères comme la bipédie ou le langage. » Invariablement, le génome de chimpanzé est compris comme notre génome ancestral. Que les créationnistes lancent de telles inepties, on peut le comprendre. Que des scientifiques – généticiens, paléoanthropologues ou autres – persistent à ne pas assimiler les fondements de la systématique, voilà qui est tout simplement affligeant.

Accordons une mention spéciale justement aux paléoanthropologues qui, surtout quand ils adhèrent à l'idée de dessein intelligent, persistent à considérer que les grands singes perpétuent une image de notre dernier ancêtre commun. Les chimpanzés et les hommes ont un dernier ancêtre commun. Celui-ci avait forcément des caractères que l'on retrouve chez ses descendants actuels et d'autres qui lui étaient propres. Au cours de leur évolution, les chim-

---

23. *Nature* 4, 37 (7055), 1er septembre 2005.

panzés ont acquis de nouveaux caractères, mais, en aucun cas, ils n'existaient chez le dernier ancêtre commun. Inversement, il est tout à fait possible que des caractères que l'on pensait propres à la lignée humaine, car absents chez les chimpanzés actuels, proviennent de ce dernier ancêtre commun. C'est tout l'intérêt des discussions autour d'*Orrorin* et de Toumaï. Mais si on ne sort pas de l'affirmation obsolète selon laquelle l'Homme descend du singe, on ne progressera pas sur la question fascinante de nos origines.

Le taux de mutation est trop faible pour rendre compte de la diversité du vivant

De Lord Kelvin à l'époque de Darwin à M.-P. Schüzenberger et R. Thom à l'Académie des sciences de nos jours, nombre de physiciens et de mathématiciens, se considérant comme les seuls vrais scientifiques, affirment du haut de leur incompétence en biologie, et plus particulièrement en génétique, l'impossibilité de l'évolution. Que des créationnistes la nient, on le comprend ; que des scientifiques reconnus agissent de même en se fondant non sur des arguments scientifiques, mais sur leurs croyances ou une simple conviction est une entorse à l'éthique et à la déontologie de la communauté scientifique.

Les évolutionnistes sont surpris de l'acharnement que mettent les mathématiciens à vouloir transcrire l'évolution en équations. Dernière tentative, celle de Jean Chaline et

Laurent Nottale, grâce aux fractales. Bel exemple, dans lequel les données paléontologiques étaient choisies à dessein. Ce n'est pas parce que les mathématiciens n'arrivent pas à modéliser l'évolution qu'elle n'existe pas. Comme si on disait que les changements de temps ou les saisons n'existent pas parce qu'on ne peut pas prévoir la météo au-delà de dix jours !

L'Université internationale de Paris abuse de ce genre d'attitude pour égarer le public (et les journalistes). Elle organise des colloques qui réunissent des membres éminents des sciences dures, dont quelques prix Nobel, des biologistes, des anthropologues antiévolutionnistes et adeptes du dessein intelligent (Anne Dambricourt-Malassé). Quand une voix s'élève pour protester contre l'idée que l'hominisation serait la finalité de la vie, on lui répond que si, c'est tout à fait scientifique, la preuve, des prix Nobel y souscrivent. Outre qu'il n'existe pas de prix Nobel en anthropologie, ceux dont il est question sont notoirement incompétents en biologie et encore plus en paléoanthropologie.

La génétique a fait quelques progrès depuis Gregor Mendel. La variabilité intervient au niveau des mutations, mais aussi à celui des recombinaisons intervenant au cours de la reproduction. Aujourd'hui, la génétique intégrative étudie l'expression des caractères au niveau de la régulation des gènes et des interactions entre eux et leurs systèmes de régulation. Autrement dit, avec les mêmes gènes – donc sans mutation –, l'expression des caractères présente une grande variabilité. La génétique du développement et plus particulièrement l'étude des facteurs de croissance (allométries, hétérochromies) montrent comment on peut obtenir des différences morphologiques considérables sans ou avec très peu de modifications des gènes. Ce qu'on appelle l'épigenèse – qui intervient au-dessus des gènes – se révèle la principale source de la variation. Très récemment, plusieurs études ont montré que les différences se situaient moins dans des divergences génétiques que dans le nombre de duplications des mêmes gènes. Pour s'en convaincre, rappelons que le génome de l'Homme et celui du chimpanzé ne comprennent que 1 % de différences. Trente millions de paires de bases composant ces génomes sont concernés. Mais cela ne signifie pas qu'il s'est produit trente millions de mutations, ce qui serait inconcevable sur les 6 millions d'années qui nous séparent de notre dernier ancêtre commun. Ce qui importe dans cette comparaison, c'est l'évolution des différences pour les parties codantes, celles qui justement sont soumises à la sélection naturelle, mais aussi au processus de purification ou de dérive. On constate qu'il y a très peu de différences génétiques entre les chimpanzés et nous, et que la sélection naturelle agit plus au niveau épigénétique, parfois très rapidement.

L'évolution ne peut pas expliquer l'apparition de la vie sur Terre

Encore une affirmation erronée. Il y a deux façons de répondre à cette ineptie.

La première est celle qui a été adoptée par certains scientifiques de la fin du XVIIIe siècle et du début du XIXe : à l'instar de Buffon, ils s'intéressaient aux causes secondes, mais pas aux causes premières. Autrement dit, ils considéraient que l'apparition de la vie et des espèces était du ressort de la métaphysique, mais que ce qui se passait ensuite était l'affaire des scientifiques. Une telle position autorisait évidemment une attitude déiste et le dessein intelligent. Dans cette argutie, on retrouve l'idée idiote du témoin de l'apparition de la vie, comme pour l'histoire de la machine à remonter le temps. La meilleure réponse à cette question est donnée par William Paley : dans un livre intitulé *Les Preuves du christianisme*, le fondateur de la théologie naturelle argue qu'il n'existe aucune preuve absolue de la vérité du christianisme, mais qu'il y a un tel ensemble d'indices que seule une personne qui a un fort préjugé contre la religion peut refuser de croire. Ce n'est pas du Ernest Renan, mais on apprécie !

La seconde réponse consiste à penser que, dans l'état actuel des recherches sur les origines de la vie, les chercheurs ont mis en évidence plusieurs scénarios capables de rendre compte du passage de la matière inerte à la vie ou, plus précisément, de l'apparition d'acides aminés. On peut ainsi expliquer comment la vie a pu apparaître, mais sans dire exactement où et quand, ce qui s'est certainement passé sur la Terre il y a plusieurs milliards d'années et probablement ailleurs sur l'une des innombrables planètes de l'immense Univers. La question n'est plus si la vie a émergé de la matière inerte, mais combien de fois (exobiologie)[24].

La science se trompe sur l'âge de la Terre

Les créationnistes s'attaquent à la théorie de l'évolution en tant que théorie historique. Pour la majorité d'entre eux, la Terre est jeune. Les modifications qu'elle a connues sont dues à des catastrophes dont la plus importante est le Déluge. Les créationnistes adorent les théories catastrophistes. On touche à une vieille querelle entre le catastrophisme et l'unifomitarisme. Selon ce dernier, les forces qui agissent dans la nature actuelle – dérive des continents, érosion et dépôts éoliens, fluviatiles et océaniques – auraient toujours agi ainsi au cours de l'histoire de la Terre et avec la même intensité. La géologie montre que les grandes formations sédimentaires résultent de tels processus,

---

24. Christian De Duve (*À l'écoute du vivant*, Odile Jacob, 2002) propose un raisonnement probabiliste. Tout dépend du nombre d'occasions. Si on joue des millions de fois à la loterie, notre combinaison préférée sortira. C'est une question de temps. Or, si on considère les milliards d'années de l'Univers et les milliards de planètes, alors, cela n'a rien d'improbable. Mais si c'est arrivé, ce n'est pas parce que cela devait arriver !

sans oublier quelques catastrophes de grande ampleur, la plupart liées à des violences volcaniques et en partie responsables des grandes extinctions. Uniformitarisme et catastrophisme se rejoignent dans un modèle analogue à celui des équilibres ponctués. Quel que soit le modèle, il faut du temps, beaucoup de temps.

Notons au passage que ce sont les créationnistes qui se sont fourrés seuls dans ce pétrin. En effet, c'est dans le cadre de la théologie naturelle qu'ils se sont mis à prendre le texte de la Genèse au pied de la lettre et à retrouver l'âge de la Création en remontant la généalogie des personnages de la Bible. Or, sur cette question de date, le texte ne précise rien. Les théologiens retiennent la date de 6004 av. J.-C. d'après l'archevêque Usher ; un autre précise le 31 octobre à 9 heures du matin !

Une fois de plus, on s'étonne de la diversité des opinions des créationnistes sur l'âge de la Terre : pour certains, ce sont les quelque six mille ans de la tradition biblique ; pour d'autres, les six jours de la Création correspondent à autant de périodes de l'histoire de la Terre (après tout, les jours de Dieu ne se réduisent pas aux 24 heures des mortels) ; pour d'autres encore, en fait majoritaires, l'histoire de la vie s'écoule sur des milliards d'années. De plus en plus de créationnistes penchent pour un âge très ancien de la Terre, comme dans *L'Atlas de la Création* d'Harun Yahya.

Les méthodes de datation utilisées par les géochimistes et les paléontologues sont de plus en plus nombreuses, précises et indépendantes les unes des autres. Dans les années 1970, une vive controverse opposait des paléontologues et des géochimistes à propos de l'âge d'un fossile d'*Homo habilis* ER 1470. Deux datations étaient données par la méthode radioactive – radiochronologie – dite du potassium/argon : 1,7 million d'années et 2,4 millions d'années. Le découvreur, selon une habitude naturelle des paléoanthropologues, préfère la datation la plus ancienne. Un autre paléontologue conteste ce choix, arguant que les faunes associées au fossile, dont les cochons, indiquent la datation plus récente. Controverse ! Mais en science on ne s'oppose pas à coups de vérités. Tout le monde s'est remis au travail de son côté, et après qu'on a repris les études sur l'âge des faunes fossiles dans d'autres sites bien datés (la biostratigraphie) et en datant de nouveaux échantillons prélevés dans les sédiments d'ER 1470, il s'est avéré que son âge était de 1,7 million d'années. Bel exemple de la démarche scientifique à méditer par les créationnistes. Les scientifiques se nourrissent des controverses pour les résoudre ; les créationnistes créent de la discorde pour imposer leur vision étroite du monde.

L'« *irréductible complexité* » *du vivant ne peut s'expliquer que par une intelligence supérieure*

Au fait, qui est le *designer* ? Sur ce point, les créationnistes se distinguent par leur franchise. Il ne fait aucun doute que le vivant est très complexe, depuis l'expression du génome jusqu'au fonctionnement des écosystèmes ! Mais qui met en évidence cette complexité ? Les créationnistes et les adeptes du dessein intelligent ou bien les scientifiques qui avancent sur le terrain des connaissances, toujours plus complexes ?

Le vieil argument, apparemment aussi indéboulonnable que rouillé, est celui de la complexité de l'œil. Si les créationnistes et les adeptes du dessein intelligent lisaient les avancées des biologistes évolutionnistes, ils verraient que l'anatomie comparée met en évidence une diversité de formes d'œil répartie dans le règne animal et que l'embryologie et surtout la génétique du développement montrent comment la variation de l'expression d'un groupe de gènes permet de passer facilement d'un type d'œil à un autre. Concédons que cela a pris du temps, mais la recherche est chose difficile. Si on s'était contenté du *designer*, on n'aurait jamais acquis nos merveilleuses connaissances ! William Paley avait raison de louer la beauté de la nature ; mais c'est Darwin, inspiré par lui, qui a apporté la merveilleuse explication de l'arbre du vivant.

145

Pourquoi donc les créationnistes et les adeptes du dessein intelligent n'arrivent-ils pas à comprendre cette dimension historique de la vie ? Pour les premiers, les fixistes qui postulent que la Terre est jeune[25], tout n'a pu être que créé. Pour les autres, adeptes du dessein intelligent, du théisme ou du déisme évolutionnistes, il y a bien évolution, mais selon un plan divin (ou cosmique). Ils ignorent la maxime de Buffon : « Le Temps est le grand ouvrier de la Nature. » Là est la question.

En fait, toutes ces chapelles finalistes passent à côté d'une évidence : les organismes ont une histoire ! Tous réfléchissent comme de Grands Horlogers, de Suprêmes Géomètres, bref comme des ingénieurs. De William Paley à aujourd'hui, on rencontre toujours le même type de pseudo-arguments par simple analogie : hier la montre, aujourd'hui la voiture ou l'ordinateur. Je ne sais pas si Dieu existe, je ne le pense pas. Mais si j'étais Dieu, je n'apprécierais guère que les hommes m'évaluent à la hauteur de leurs réalisations techniques et, pire encore, qu'ils recherchent la preuve de mon existence dans ce qu'ils ne sont pas capables de comprendre (Dieu révélé par les limites de notre compréhension du monde, *God of Gaps* « Dieu Bouche-trou »).

Ce type de pseudo-arguments – l'ingénieur ébahi et l'analogie technologique – se retrouve dans un dossier de *Natural History Magazine*, dans lequel les principaux protagonistes du dessein intelligent sont réfutés point par

25. Voir *supra*.

point[26]. Par exemple, Michael Behe vante l'étonnante complexité de la cellule eucaryote. Or son contradicteur n'a aucune peine à citer un ensemble d'articles de la revue *Cell* qui présentent la remarquable simplicité des mécanismes évolutifs qui ont permis l'apparition de nos cellules. Comme le fait remarquer l'auteur, Kenneth J. Miller, qui croit à une sorte de finalité pour des raisons philosophiques et non scientifiques, pourquoi les partisans du dessein intelligent prétendent-ils que l'on en sait moins sur l'évolution des systèmes vivants que tout ce qui est publié, admis et même enseigné ? Autre sujet de prédilection des créationnistes ou des adeptes de l'ID : la flagelle des microorganismes et le poil[27].

Si un Paley martien démontait mon ordinateur et s'il ignorait l'histoire des techniques, il imaginerait un *designer*. Seulement, mon ordinateur provient d'un bricolage entre une machine à écrire, un écran de télévision et une puce électronique. Les origines de ces différentes parties sont indépendantes les unes des autres et plus ou moins anciennes. À leur tour, les parties de ces différents soussystèmes sont issues d'autres filières ou d'histoires techniques différentes. Il en va exactement de même pour l'arbre du vivant : différentes innovations et différents bricolages.

---

26. Voir www.actionbioscience.org
27. À propos du poil, voir les états généraux du poil, collège de Pataphysique et Claude Gudin, *Histoire naturelle du poil*, Panama, 2007 (postface de Pascal Picq).

Et ainsi aussi pour l'œil, qui n'est pas apparu... en un clin d'œil (cosmique ou comique).

La biologie évolutionniste moderne développe des concepts qui énervent les partisans du dessein intelligent : en particulier les bricolages et les exaptations. François Jacob évoque comment l'évolution « bricole » en réutilisant ou en mobilisant des structures qui, chez les espèces ancestrales, étaient impliquées dans d'autres fonctions. Un magnifique exemple : les trois osselets de notre oreille moyenne que sont l'étrier, le marteau et l'enclume. Il y a 200 millions d'années, ces trois os composaient la partie distale (postérieure) de la mandibule des ancêtres reptiliens des mammifères. Puis, au fil de quelques millions d'années, on voit ces os se réduire et passer dans notre oreille moyenne. Si on en reste là, cela peut accréditer une évolution dirigée. Nullement ! Il existe plusieurs lignées fossiles, qui comportent une grande diversité de structures plus ou moins intermédiaires. Seule l'une d'elles a été conservée, et pas forcément la plus « efficace ». Cette évolution « en mosaïque » se retrouve aussi dans l'embryologie des mammifères, comme chez les marsupiaux. On sait donc comment cette évolution s'est déroulée, dans ses processus et dans l'histoire.

Cet exemple permet de faire tomber une autre argutie. Les adeptes du dessein intelligent disent que, si on retire une ou des partie(s) d'un organisme, alors il n'est plus viable, ce qui signifie que de tels ajustements devraient requérir des pièces déjà prévues à cet effet. C'est vrai selon une vision des organismes de type ingénieur ou *designer* qui

conçoit d'après un plan. L'évolution et la sélection naturelle n'opèrent pas ainsi. Si, comme Cuvier, on plaide la
subordination des caractères dédiés à des fonctions, on ne
peut pas concevoir l'évolution. Si on regarde du côté des
structures et des fonctions, ça marche !

Pour rester avec le crâne des mammifères, prenons
celui de l'Homme. Il ressort qu'il est le plus simple en
nombre d'os ! C'est le cas de notre massif facial qui, pourtant, assume diverses fonctions : mastication, respiration,
flux aériens et alimentaires, fonctions sociales, langage, etc.
Bref, simplification des structures, complexité des fonctions. Le comprendre est facile si on regarde du côté de la
biologie du développement et de la phylogenèse.

Les exaptations sont des caractères qui existent, mais
qui n'ont pas été sélectionnés. Ils font partie des contraintes de construction des organismes et de leur plasticité[28].
Autrement dit, il s'agit de variabilité, la matière première
de la sélection naturelle. Les origines de la bipédie
humaine viennent des aptitudes à la marche debout chez
nos ancêtres grands singes arboricoles ; de même pour la
chasse ou les capacités cognitives pour le langage[29]. Or ces
exaptations sont nombreuses depuis nos gènes jusqu'à nos
capacités cognitives en passant par la locomotion et les
comportements. Rien qui sorte d'un plan ou d'un dessein.

---

28. Voir chapitre 4.
29. Pascal Picq, *Au commencement était l'homme, op. cit.*

Les créationnistes et les adeptes du dessein intelligent détestent aussi les caractères vestigiaux, comme notre appendice, vestige de notre lointain passé de mangeurs de végétaux. Le plus bel exemple est apporté par les stylets des membres des chevaux, vestiges des doigts de leurs ancêtres. Ces vestiges font désordre, mais ils sont la preuve de l'évolution. Pour autant, le merveilleux pied à un doigt des chevaux ne s'est pas fait en un jour. Cette évolution s'étend sur des millions d'années avec toutes sortes d'espèces comprenant une grande variété de membres. Toujours l'évolution en mosaïque ! S'il ne reste qu'une espèce de chevaux aujourd'hui, ce n'est pas parce que leur lignée a suivi un but, une orthogenèse. On peut croire qu'il en est ainsi parce qu'il n'est que l'unique survivant d'une lignée jadis florissante. Il en est allé exactement de même pour la lignée humaine[30].

Ainsi se fait l'évolution, même pour l'histoire humaine. Aujourd'hui, on s'ébahit de la sagesse des premiers peuples agriculteurs du néolithique qui surent inventer des plats traditionnels, associant divers légumes et proposant tous les acides aminés essentiels. Ces peuples n'avaient aucune notion de diététique ou de nutrition. Tout simplement, les cultures qui firent d'autres expériences périrent lors des disettes. Et ce sont ces mêmes peuples qui inventèrent les dieux !

---

30. Voir chapitre 5.

Des mensonges aux manipulations

Les violences urbaines, les viols, les agressions, l'homosexualité, et j'en passe, s'enracineraient dans la théorie de l'évolution. Pourquoi ? Parce qu'elle prétend que nous sommes issus d'animaux inférieurs. En rabaissant l'Homme, elle attiserait des comportements malsains et « bestiaux ». Vieille lune moralisatrice. D'une part, c'est ignorer ce que sont et font les animaux, notamment les plus proches de nous. D'autre part, les hommes n'ont pas attendu la publication de *L'Origine des espèces* pour se massacrer sous tous les prétextes, notamment au nom de vérités révélées. Sur le site web d'Harun Yahya, on arrive sur une page d'accueil où l'on voit Charles Darwin entouré de tous les tyrans du XXᵉ siècle, Hitler, Mao, Lénine, Staline, etc., avec, à ses pieds, un enfant victime de l'*intifada*. Outre l'amalgame avec le XXᵉ siècle laïque qui fait suite à Darwin (comme si chronologie était raison…), il est à se demander pour quelles raisons tant de conflits ont eu lieu avant Darwin, comme les guerres de religion[31]. Mais jamais il n'y eut de bûcher, de massacre, de génocide ou d'inquisition au nom de la gravitation universelle, du boson de Higgs ou de l'évolution !

Combien de jeunes Américains tués, souvent par des gens issus de milieux peu instruits ? Mais, selon les créa-

---

31. Voir *Courrier international*, hors série, mars-avril-mai 2007.

tionnistes américains, mieux vaut stopper l'enseignement de l'évolution que d'interdire les ventes d'armes. Darwin campe toujours la figure moderne du Diable. Rappelons que les créationnistes activistes sont les frères des créationnistes plus actifs et radicaux qui combattent la liberté des mœurs, l'abolition de la peine de mort, l'interruption volontaire de grossesse ; ils estiment que le sida est un châtiment divin ; quant aux plus extrémistes d'entre eux, ils tuent au nom de leur vérité.

À l'inverse, pour beaucoup de bonnes âmes, la diffusion de la théorie de l'évolution favoriserait des politiques discriminatoires, sélectives, élitistes ou inégalitaires. Or la théorie de la sélection naturelle n'a jamais prétendu qu'il fallait éliminer l'autre, l'« inférieur », mais que certains individus se reproduisent plus que d'autres en raison d'une multitude de facteurs qui vont de la chance à la compétition. L'ignorance est la source de tous ces anathèmes infondés. On comprend que l'enseignement de la biologie évolutionniste gêne les prédicateurs de toutes obédiences.

Selon un procédé fort bien rodé depuis l'Inquisition et les procès staliniens en tous genres, on porte une accusation erronée et on condamne à partir de cette accusation. Le darwinisme social est une idéologie qui prétend s'inspirer de Darwin, mais elle n'a rien à voir avec la théorie darwinienne de l'évolution. Il est vrai que Darwin n'a jamais eu à connaître de difficultés financières – mais, dans le système social du XIXᵉ siècle, rares étaient les savants au sens large qui ne provenaient pas de milieux relativement aisés, comme Karl Marx. Pour autant, Darwin n'a jamais prôné une guerre des riches contre les pauvres, notamment en limitant leur nombre d'enfants[32].

On prétend aussi que l'eugénisme s'inspire de la théorie de la sélection naturelle, d'autant que le terme a été inventé par le cousin de Darwin, Francis Galton. Quelques décennies plus tard, cette idéologie a trouvé d'autres arguments avec la naissance de la génétique. Dans la première moitié du XXᵉ siècle, jusqu'au procès de Nuremberg, presque tous les biologistes étaient eugénistes. En France, terre de détestation darwinienne, des biologistes chrétiens et critiques envers Darwin, comme Jean Rostand, étaient eugénistes. Darwin n'a pas tout dit ; il n'est pas responsable des dérives posthumes de sa théorie.

Jusqu'à présent, je n'ai évoqué que les grands types d'arguments avancés, parfois depuis longtemps, par les opposants à la théorie de l'évolution. Mais la querelle n'en reste pas au plan de la discussion. Persuadés de détenir la vérité, les fondamentalistes créationnistes, face aux faits brandis par les scientifiques sérieux, raisonnent ainsi : on nous ment ! Il y aurait un complot évolutionniste destiné à anéantir la religion, à porter atteinte à la Vérité révélée.

---

32. Plus près de nous, le développement en France de la sociobiologie et le rayonnement des travaux du grand spécialiste de la diversité des espèces qu'est Edward O. Wilson ont été contrariés par les mêmes malentendus et par des tentatives de récupération politique douteuse à la fin des années 1970.

Pour les créationnistes, les évolutionnistes ne cessent de fabriquer des faux. Alors, ils se sentent tout à fait fondés à en forger. C'est le *Da Vinci Code* au pays de la paléontologie, avec les fossiles dans le rôle des reliques falsifiées.

Notre époque a la manie du complot ; la paléontologie n'y échappe pas. *L'Histoire secrète de l'espèce humaine* de Michael Cremo et Richard Thompson énonce ainsi une suite de pseudo-découvertes qui attestent de la présence de l'Homme sur la Terre depuis des centaines de millions d'années. Les paléoanthropologues dissimuleraient les preuves de cette présence ancestrale, comme un squelette d'Homme moderne retrouvé à Olduvaï en 1913 ou un fémur découvert à Kanapoï au Kenya qui serait de morphologie moderne et daté de 4 millions d'années. Passons sur les empreintes de pas vieilles de plus de 500 millions d'années et les boules métalliques fabriquées par des hommes il y a presque 3 millions d'années. On n'est pas loin de l'hypothèse d'extraterrestres qui seraient passés chez nous !

Les cas de fraude existent en paléontologie et, dans le domaine plus restreint de la paléoanthropologie, celle de Piltdown reste un modèle du genre. Les scientifiques les ont récusées. Aujourd'hui, divers instituts créationnistes ouvrent des musées dans lesquels sont présentées des « pièces à conviction », comme des vestiges humains contemporains des dinosaures ou des traces de pas dans des schistes datant de l'ère primaire[33]. Heureusement, la

---

33. Ian Plimer, *Telling Lies for God*, chapitre 1.

méthodologie scientifique finit toujours par avoir raison. Comme tout au long de ce chapitre on a réfuté toutes les pseudo-objections fallacieuses des créationnistes et du dessein intelligent[34]. Voilà qui nous renvoie à la question de savoir ce qui fondamentalement différencie la démarche scientifique des visions fondées sur une vérité affirmée une fois pour toutes et défendue bec et ongles au mépris des faits. Bref, comment échapper au relativisme qui fait de la science une interprétation du monde parmi d'autres ?

---

34. Ce qui n'a pas empêché le juge Jones, du troisième procès de Dover, en 2005, de recevoir des menaces de mort…

Chapitre 4

CE QUI EST SCIENCE
ET CE QUI NE L'EST PAS

> *Il est en effet remarquable que cette théorie se soit pro-*
> *gressivement imposée à l'esprit des chercheurs à la suite*
> *d'une série de découvertes faites dans diverses discipli-*
> *nes du savoir. La convergence, nullement recherchée ou*
> *provoquée, des résultats de travaux menés indépen-*
> *damment les uns des autres, constitue en elle-même un*
> *argument significatif de cette théorie.*
>
> JEAN-PAUL II

Pourquoi la théorie de l'évolution est-elle la seule construction intellectuelle satisfaisante expliquant le vivant dans sa diversité, ses mécanismes et son histoire ? Toute la question est là. Il est juste de dire que si on n'y répond pas, malgré tous les efforts qu'on pourra accomplir par ailleurs, jamais on ne pourra sortir de la polémique avec les créationnistes et les tenants du dessein intelligent, car jamais on ne pourra montrer que la théorie de l'évolution n'est pas une « mythologie » parmi d'autres, mais qu'elle se situe sur un autre plan.

L'épistémologie au tribunal

Le procès de Dayton, 1925

Le « procès du singe » a amené devant le tribunal de Dayton le jeune John Scopes, coupable d'avoir enseigné que l'Homme est issu d'une espèce inférieure, ce qui était contraire à une loi du Tennessee. Ce procès, le premier retransmis par la radio nationale, a eu un important retentissement parce que des personnalités d'envergure nationale se sont emparées de l'affaire, notamment le célèbre avocat Clarence Darrow et l'ancien candidat à l'élection présidentielle William J. Bryan, en position d'accusateur. Darrow prend la défense de l'accusé. Penseur libéral et laïque, défenseur des syndicats, il est soutenu par la puissante Ligue américaine pour les droits civiques (ACLU). Quant à William Bryan, ce n'est pas un réactionnaire obtus, loin de là. C'est un humaniste qui plaide, entre autres, pour le vote des femmes. Mais, au cours de la Première Guerre mondiale, il découvrit comment des officiers prussiens justifiaient leur supériorité par une interprétation aussi fausse qu'idéologique du darwinisme. On mesure l'ampleur des confusions, des errements et des erreurs dans cette affaire. Darrow défendait la laïcité ; Bryan combattait la barbarie. Sous son influence, plusieurs États sudistes du *Bible Belt* avaient voté des lois interdisant d'enseigner la théorie darwinienne selon laquelle l'Homme pouvait descendre d'une espèce « inférieure[1] ». Un faux procès et une formidable ambiguïté. D'un côté, la défense de la laïcité ; de l'autre, une position légitime contre les dérives idéologiques du darwinisme. Ce procès a vu la naissance d'une confusion lourde de conséquences, même pour aujourd'hui, puisque, à cette époque et depuis, pour les antidarwiniens primaires les exactions des hommes proviendraient de leurs mauvais instincts, ravivés et justifiés par l'affirmation que « l'Homme descend du singe ».

Voilà comment une incompréhension et une distorsion de la théorie de Darwin ont fini par la condamnation de John Scopes à payer une amende de cent dollars ! Pour la petite histoire, celui-ci était volontaire, car l'ACLU cherchait un procès pour contrer ces lois rétrogrades. La stratégie de la défense était que Scopes fût condamné de façon à faire appel et à aller devant la Cour suprême de l'État dans l'espoir de rendre la loi inconstitutionnelle en raison du Premier Amendement de la Constitution des États-Unis d'Amérique. Un vice de procédure l'a empêché ; la loi est restée en vigueur jusqu'en 1967. Le juge s'en tint à la

---

1. Voir Stephen Jay Gould, *Et Dieu dit : « Que Darwin soit ! »*, Le Seuil, 2000.

stricte application de la loi et ne permit pas aux scientifiques de s'exprimer. Les créationnistes gagnèrent, mais les États du Sud furent épinglés comme archaïques, retardés, bigots. Au fait, où était le singe dans ce procès ?

Le procès de Little Rock, 1982

Le « deuxième procès du singe » éclate après que l'État d'Arkansas vote le 1er mars 1981 une loi qui exige que les enseignants de biologie proposent un cours à temps égal (*balance traitment*) sur la théorie de l'évolution et la « science créationniste ». D'autres États sudistes s'apprêtent à suivre et Ronald Reagan soutient la cause.

Cela déclenche une forte mobilisation. Un enseignant porte plainte, ainsi que des parents d'élèves. L'ACLU se mobilise, comme l'association des enseignants de biologie. Dans ses rangs, on a pu noter la présence de personnalités scientifiques comme Stephen Jay Gould et Michael Ruse, mais aussi des représentants à titre personnel des juifs, des réformés et des catholiques. Quant aux créationnistes, on a alors découvert à quel point ils étaient bien organisés, bien financés et bien préparés. Le procès a révélé aux laïques et aux scientifiques que, depuis le premier « procès du singe », les courants fondamentalistes avaient étendu leurs réseaux, agissant efficacement au niveau de l'enseignement primaire et secondaire. Le système scolaire américain est en effet décentralisé et donne un rôle important aux représentants des parents dans les conseils des écoles. Ces conseils infléchissent le contenu des programmes et exercent des pressions sur les enseignants qui décident d'enseigner la biologie évolutionniste. Si ces derniers le font, respectant les programmes, alors on leur demande d'enseigner à part égale de temps la « science créationniste ». Ces activistes créationnistes se sont fait élire à tous les niveaux des systèmes scolaires des États conservateurs et ont réussi à imposer l'idée apparemment démocratique d'un enseignement équilibré entre deux conceptions de la vie, et donc du monde. L'alternative est simple pour les enseignants : soit ils dispensent à égalité de temps la biologie évolutionniste et la science créationniste ; soit ils s'arrangent pour ne pas aborder la biologie, si ce n'est d'une façon aussi neutre que descriptive. Voilà qui est habile, car dès que la « science créationniste » est enseignée sur le même plan que la « science évolutionniste », elle bénéficie *ipso facto* d'un statut « scientifique » équivalent. Ou bien alors, la biologie n'est pas enseignée, les enfants étant alors livrés à la seule éducation religieuse qu'ils reçoivent chez eux et à la paroisse !

On l'a compris : les créationnistes évitent de faire apparaître leur action comme une opposition entre la science et la religion. Fort intelligemment, ils installent la controverse sur le terrain scientifique ou prétendu tel. D'un côté, ils discutent des fondements scientifiques de la théorie de l'évolution et, de l'autre, ils s'efforcent de présenter une théorie scientifique équivalente, la « science créationniste ».

Heureusement, les plaignants ont su éviter le piège, ce qui n'était pas évident. L'erreur aurait été de dresser Lucy contre Ève, d'opposer une hypothèse scientifique à une vérité admise, de confronter un état des connaissances à une certitude. Contrairement au premier « procès du singe » où les universitaires invités par la défense n'ont pu s'exprimer, ils ont joué un rôle considérable au procès de Little Rock, tout particulièrement Michael Ruse, épistémologue et philosophe des sciences. Alors que les créationnistes s'attendaient à un débat sur la vérité, leur prétendue « science » s'est retrouvée confrontée à l'épistémologie : qu'est-ce que la science ou, plus précisément, non pas la science en tant que savoir, mais la démarche scientifique qui conduit à la connaissance et, surtout, à de nouvelles connaissances ? Telle a été la question ; telle doit être la question.

La science est un mode d'interrogation du monde qui se fonde sur des modèles et des hypothèses qui sont soumis au test de l'observation et de l'expérimentation. Un paradigme, un modèle restent vrais tant qu'ils n'ont pas été réfutés ; c'est le principe de réfutabilité ou de falsification de Popper. Or la « science créationniste » ne répond pas du tout à un programme scientifique. Tout d'abord, tout est déjà écrit une fois pour toutes. La conception du monde ainsi défendue a un statut de vérité absolue ; dès lors, un fait, une donnée, une observation, une explication ne sont acceptés que s'ils correspondent à ce qui est déjà écrit ; ils sont écartés s'ils divergent. Pour schématiser : on ne vérifie pas que l'hypothèse cadre avec les faits ; on vérifie que les données sont compatibles avec le dogme. C'est le dogme qui dicte ce qui est vrai et ce qui est faux, mais lui reste indemne de l'épreuve des faits.

Le créationnisme n'est pas un programme de recherches ; bien au contraire, s'abstenir d'interroger le monde reste la meilleure attitude pour s'en tenir à la vérité révélée. La parabole de l'histoire du Paradis perdu prend tout son sens intégriste : désirer savoir, comme le fit Ève en croquant la pomme de l'arbre de la connaissance, est commettre le péché originel. En touchant aux origines, la théorie de l'évolution est perçue comme le péché absolu. Au contraire, *sapere audere* était la devise des Lumières, de la quête de la connaissance, jamais figée, jamais finie. Dès lors, on ne peut parler de « science créationniste » que par abus de langage, voire malhonnêteté. Cela traduit juste la vision qu'ont les créationnistes de la « science », comme tous les absolutistes d'ailleurs : une accumulation de données allant dans le sens d'une pure affirmation de principe ; un plaidoyer *pro domo* qui a l'allure de la science, la forme de la science, mais qui n'en est pas.

À l'issue du procès de Little Rock, le juge Overton II a rédigé des conclusions très claires qui l'ont amené à dénier tout statut scientifique à la « science créationniste », fondant sa remarquable argumentation sur l'épistémologie. La conséquence est que cette fausse science n'a pas à être enseignée en classe de biologie. Plus important, la loi de l'État d'Arkansas qui condamnait l'enseignement de l'évolution comme les directives et autres textes obligeant à enseigner le créationnisme a été décrétée anticonstitutionnelle au regard du Premier Amendement de la Constitution sur la liberté de croyance. Dans les années qui suivent, en 1987, toutes les lois ou directives du même genre avancées dans les autres États sont définitivement déclarées anticonstitutionnelles par la Cour suprême des États-Unis.

Le procès de Dover, 2005

S'il y a une chose que l'on peut admirer chez les créationnistes, c'est leur capacité à évoluer. Ayant été déboutés sur le terrain de l'épistémologie et de la laïcité, ils sont revenus avec le concept de dessein intelligent (*intelligent design* ou ID). Cette fois, nous sommes en Pennsylvanie, un État du Nord, donc loin du Sud et du *Bible Belt*. C'est la troisième croisade antiévolutionniste, sous la bénédiction de George W. Bush. En fait, les angoisses millénaristes avaient entraîné de nombreuses décisions dans plusieurs États pour tempérer, voire supprimer l'enseignement de la théorie de l'évolution. Le « troisième procès du singe » arrive dans ce contexte.

Le conseil scolaire de l'école de Dover adopte une résolution pour que le dessein intelligent soit enseigné en classe de biologie. Puisque la théorie de l'évolution s'avère incapable d'expliquer tous les phénomènes connus de la vie, à commencer par sa complexité, alors une autre interprétation s'impose, celle de la création de la vie par une entité intelligente, évidemment non spécifiée. Onze parents d'élèves n'acceptent pas cette ingérence déguisée de la religion dans l'école et portent l'affaire en justice. On prend les mêmes et on recommence. Cette fois avec les partisans du dessein intelligent.

Le juge John E. Jones, par ailleurs croyant et pratiquant, condamne le conseil d'école en se fondant sur deux arguments principaux. Selon le premier, le dessein intelligent n'est pas une nouvelle théorie, mais une version modernisée de la théologie naturelle. Celle-ci vise tout bonnement à démontrer *in fine* l'existence de Dieu et, surtout, participe d'une tentative politique des fondamentalistes évangélistes pour imposer leurs valeurs à l'ensemble de la société américaine, comme l'atteste un document dit de la *Wedge Strategy*, émanant du Discovery Institute[2]. Il ressort que les arguments de ces militants sont exactement les mêmes que ceux invoqués pour la « science créationniste », déjà condamnée à l'issue du procès de Little Rock vingt ans auparavant. Cet enseignement est donc contraire au Premier Amendement de la Constitution américaine, qui garantit la liberté de culte et la non-intervention de

---

2. Fondé en 1990 à Seattle (donc dans le Nord), le Discovery Institute est un *think tank* d'inspiration conservatrice et chrétienne qui est le principal organisme de promotion du créationnisme. La *Wedge Strategy* est un plan d'action sociale et politique visant à « vaincre le matérialisme », à « abattre la vision matérialiste du monde » et à la remplacer par une « science » conforme aux convictions chrétiennes et affirmant la « réalité de Dieu ». Le but est de « renouveler la culture américaine afin que les politiques publiques reflètent les valeurs chrétiennes ». Cet activisme se comprend face à la crise d'identité de l'Amérique décrite par Samuel Huntington (*Qui sommes-nous ?*, Odile Jacob, 2004).

l'État, donc des écoles publiques, dans les affaires religieuses. Dans cette stratégie, le dessein intelligent est un « coin » (*wedge*), une théorie qui doit s'enfoncer dans les sciences pour devenir leur paradigme[3].

Le second argument nous ramène à l'épistémologie. Tout d'abord, une évidence : ce n'est pas parce que la biologie évolutionniste n'explique pas tout dans l'immense domaine des sciences de la vie que cela valide de fait le dessein intelligent comme théorie scientifique. Plus explicitement, une théorie scientifique produit de nouvelles connaissances qu'elle s'efforce d'interpréter selon ses paradigmes dominants, ce qui oblige à son tour la théorie à évoluer pour prendre en compte toutes ces nouvelles données. À l'inverse, le dessein intelligent prétend tout expliquer sans jamais changer et sans produire de nouvelles connaissances. Refusant toute forme de réfutabilité, il est non scientifique car non vérifiable, alors que toutes les attaques contre la théorie de l'évolution portées par les adeptes du dessein intelligent peuvent être réfutées[4].

En attendant le prochain procès

Entre le premier « procès du singe » de Dayton et celui de Dover, les sciences de l'évolution ont considérablement progressé. Les créationnistes, quant à eux, n'ont pas avancé

---

3. Voir *Le Nouvel Observateur*, HS 61, décembre 2005-janvier 2006.
4. Voir chapitre 3.

dans leur vision univoque du monde. Cependant, pour l'imposer, ils se sont organisés très efficacement. En quatre-vingts ans, la gangrène s'est propagée depuis les États du Sud pour se déclarer ouvertement au début des années 1980 avec l'élection de Ronald Reagan, qui avait inscrit dans son programme la nécessité d'enseigner dans les écoles publiques une théorie alternative à celle de l'évolution. Le procès de Little Rock a toutefois permis de déclarer anticonstitutionnelles des lois adoptées en ce sens dans plusieurs États (Carolines du Nord et du Sud ; Louisiane, Géorgie, Kansas, Arkansas) avant que la Cour suprême n'émette un arrêt définitif en 1987.

Mais, moins d'une quinzaine d'années plus tard, les créationnistes sont revenus sous un faux nouveau jour avec le dessein intelligent et l'élection de George W. Bush. Le juge John E. Jones a clairement reconnu que l'argumentation des adeptes du dessein intelligent était la même que celle défendue par les tenants de la « science créationniste ». Les témoins de la défense au procès de Dover montrèrent facilement que le créationnisme, la théologie naturelle et le dessein intelligent sortaient du même creuset : de l'œuvre de William Paley, rééditée justement par le Discovery Institute. Voilà où nous en sommes, sachant que ce n'est pas fini. Le plus intelligent dans le dessein intelligent, c'est la capacité de rassembler d'autres systèmes de pensé, de croyance et de conviction qui n'ont pour point commun que de s'opposer à l'évolution. Les dernières nominations à la Cour suprême des États-Unis n'augurent rien de serein pour les laïques. Car, plus que la théorie de l'évolution, c'est la laïcité dans ses principes mêmes qui est menacée. La prochaine étape de l'évolution de l'Homme se joue sur ce terrain, en ce moment même.

L'épistémologie a joué un rôle considérable dans les procès de Little Rock et de Dover, les juges Overton II et Jones ayant construit leurs conclusions sur ces bases. Il est donc particulièrement important de bien saisir le statut scientifique et épistémologique de la théorie de l'évolution. Et, pour ce faire, un bref rappel des principaux concepts et de leurs dérives, que ce soit au cours de l'Histoire comme de nos jours, est un préalable nécessaire afin de bien délimiter le champ des sciences autour de l'évolution.

Petite histoire des principaux concepts et de leurs dérives passées et actuelles

Entre Ciel et Terre

Au chapitre 2, j'ai rappelé une caractéristique aussi unique qu'universelle de l'Homme : le besoin ontologique de récits sur les origines. Tous ces récits sont anthropocentriques : l'organisation du cosmos qu'ils imaginent tourne autour de l'Homme, que ce soit dans l'espace ou dans le temps.

Copernic et Galilée, au contraire, ont décentré la Terre et l'Homme. Après les sciences du Ciel, deux siècles plus tard, c'est au tour de celles de la Terre. Buffon et les premiers géologues montrent qu'elle est bien plus ancienne que les quelque 6 000 ans de la chronologie biblique. L'existence de l'Homme ne représente plus qu'une partie d'une grande histoire dont il n'est qu'un épisode. Un siècle plus tard, Darwin énonce que l'Homme n'a pas fait l'objet d'une création particulière, qu'il fait partie du monde animal, ce qui ruine l'idée qu'il aurait une « essence » fixée une fois pour toutes et une « dignité », en réalité fondée sur le dénigrement de l'animal.

Après le triste épisode du procès de Galilée, les choses finiront par s'arranger avec les astronomes, les astrophysiciens et les cosmologistes. La cosmologie moderne s'appuie sur les avancées de la physique et appréhende l'Univers depuis l'infiniment petit vers l'infiniment grand. Or les lois de la physique comme l'immensité et la beauté de l'Univers peuvent aisément se concilier avec l'idée d'un dessein dans lequel s'inscrirait la destinée humaine. Le pas est vite franchi par trop de cosmologistes. Comme la physique représente la science dure par excellence, on comprend le bon usage qu'en font les créationnistes pour attaquer la théorie de l'évolution. On pourrait d'ailleurs leur faire remarquer que les cosmologistes actuels n'expliquent pas tout ce qui est avéré ou supposé dans l'Univers, loin s'en faut. Il contient par exemple de la matière noire et de l'énergie noire dont les caractéristiques, pour l'heure, nous échappent. Mais tant pis pour les créationnistes et les adeptes du dessein intelligent… Ils évitent de se frotter trop directement à un domaine scientifique dont ils estiment sans doute que les découvertes à venir viendront confirmer l'idée de principe anthropique, autre version du dessein intelligent. Il en va autrement dès lors qu'il s'agit plus directement de notre « essence ».

De Lamarck au dessein intelligent

Jean-Baptiste de Lamarck est le premier à faire de la vie une science qu'il nomme la *biologie* en 1802. Il lui confère une autonomie par rapport à la religion, mais pas par rapport à la philosophie. C'est bien ce que signifie sa *Philosophie zoologique* publiée en 1809. Il développe son idée de la transformation des espèces, dialectique fondamentale entre leur tendance à se perfectionner et les changements du milieu. Cette théorie révolutionnaire prend en compte le temps géologique et les acquis récents de la paléontologie ; surtout, elle présuppose que les espèces ne sont pas fixes. Du reste, dans le demi-siècle qui va suivre, les plus grands paléontologues – Georges Cuvier, Richard Owen, Louis Agassiz – combattront vigoureusement l'idée de transformation des espèces. Lamarck sera autant malmené en France qu'en Angleterre. Pourtant, il est bien le premier à avoir exprimé clairement l'idée de généalogie entre les espèces.

La conception dynamique de la vie chez Lamarck fait intervenir une tendance à se perfectionner, concept philosophique non matérialiste lié au vitalisme, si répandu dans les sciences de la vie bien avant qu'elles ne s'appellent histoire naturelle ou biologie. Lamarck reprend le schéma de l'échelle naturelle des espèces hérité d'Aristote, repris par saint Thomas d'Aquin et ravivé par Charles Bonnet et Leibniz au XVIIIᵉ siècle, respectivement un naturaliste qui s'intéresse au développement et un philosophe.

Malgré tout, le pas est vite franchi qui fait retrouver le dessein intelligent. Le concepteur a instauré des lois lors de la création de la vie qui, au fil du temps, se déroulera selon un schéma préétabli avec l'Homme pour ultime aboutissement. Du côté de la religion, cette conception transformiste de la vie s'accorde avec le déisme. Du côté de la philosophie, elle épouse toutes les formes de finalisme et de transcendance. Du côté des cosmologistes, elle correspond au principe anthropique : celui-ci postule en effet que les constantes de la physique révèlent une précision telle que tout cela devait aboutir à l'Homme. On peut apprécier la naïveté du principe anthropique (ou du dessein intelligent) : si les constantes physiques de l'Univers avaient été différentes, son évolution l'aurait été aussi, et il n'y aurait pas eu les hommes. Or ils existent ; donc les constantes ont été finement calibrées pour que les hommes apparaissent. Une belle tautologie cosmique !

Une fois de plus, saluons la manœuvre des créationnistes qui, au travers du dessein intelligent, ont mobilisé d'autres croyances profondément inscrites dans la pensée occidentale. Non seulement, en procédant ainsi, ils évitent une attaque directe en ne faisant plus explicitement référence à la Bible, mais ils trouvent aussi des alliés parmi des philosophes et aussi chez des scientifiques de renom. Cela produit un front commun du refus qui, puisqu'il mobilise des personnes venant de disciplines différentes, a l'air de détenir une vérité universelle.

Pour comprendre le caractère fallacieux de cette manœuvre, il convient de se référer à l'épistémologie. La théorie de l'évolution intègre toutes les disciplines qui touchent la vie. *A priori*, on pourrait tenir le même raisonnement au regard de toutes ces disciplines qui adhèrent au dessein intelligent. Mais, pour ce qui concerne les sciences de la vie, il s'agit de l'intégration d'un paradigme scientifique commun avec tout ce que cela implique : interprétations, hypothèses, programmes de recherche, etc. Pour le dessein intelligent, il s'agit d'un amalgame de mythes et de vitalisme issu de diverses écoles philosophiques. La théorie de l'évolution n'est pas une interprétation ; c'est un paradigme scientifique qui contient un programme de recherches, alors que l'adhésion au dessein intelligent ne repose que sur des croyances.

Certains biologistes se sont rendus célèbres en contestant la théorie de l'évolution, comme Michael Behe aujourd'hui[5].

---

5. Membre du Discovery Institute, ce biochimiste a témoigné en faveur du dessein intelligent lors du procès de Dover. Il défend l'idée que certaines structures seraient trop complexes au niveau biochimique pour pouvoir s'expliquer par des mécanismes de type évolution-

On peut faire de la biologie descriptive et contemplative en décrivant la diversité de la vie dans le seul but de stimuler l'admiration à l'égard de ses mécanismes. On pourrait également y ajouter la beauté du « spectacle de la nature »[6]. Les naturalistes de la fin du XVIIe siècle et du début du XXe siècle voyaient dans les classifications et les caractéristiques des espèces des preuves attestant de l'intelligence du Créateur. La Providence chez les catholiques et la théologie naturelle chez les réformés ne datent pas d'hier. Darwin lui-même fut très sensible à la lecture des ouvrages de William Paley. La théorie lamarckienne et surtout la théorie darwinienne – car Darwin, quelque peu déiste dans sa jeunesse, deviendra un agnostique convaincu – ruineront pour un temps ces interprétations. Aujourd'hui, elles reviennent en force avec des biologistes qui, ne comprenant pas la théorie de l'évolution, s'en remettent à un concepteur et à un dessein.

---

niste. C'est ce qu'il appelle la « complexité irréductible ». En somme, son travail « scientifique » consiste à fournir des arguments montrant l'impuissance explicative de la science... On est confondu par le fait qu'à chaque génération au cours de l'Histoire réapparaisse ce genre de monstres d'érudition pseudo-scientifique dont le but semble être uniquement de démontrer les faiblesses de l'esprit humain face à des « mystères » insondables. On attend avec impatience une vraie psychanalyse de la pseudoscience !

6. Sur toutes ces questions, les raisonnements naturels que nous effectuons en termes de finalité, les jugements que nous effectuons et les problèmes théoriques qu'ils posent, voir évidemment la *Critique du jugement* d'Emmanuel Kant.

En France, patrie d'un Lamarck longtemps méprisé par nos institutions mais réhabilité pour les besoins de la grande cause nationale de l'antidarwinisme, le terrain est fécond pour le dessein intelligent, surtout en paléoanthropologie. Notre culture universaliste et parfois arrogante n'admet pas une théorie universelle qui aurait très bien pu émerger chez nous si de grands scientifiques croyants, de Georges Cuvier à Pierre-Paul Grasset et Jean Piveteau, ne s'étaient pas tant opposés à la théorie darwinienne. Il faut en effet attendre le triple prix Nobel de François Jacob, Jacques Monod et André Lwoff, l'essor de la biologie moléculaire et l'émergence d'une grande école évolutionniste pour que la théorie de l'évolution s'installe enfin dans les centres de recherche, les universités et plus récemment dans les programmes scolaires. Les dernières résistances se trouvent dans les sciences médicales et surtout en paléoanthropologie, autrement dit les sciences de la vie qui s'intéressent de près à l'Homme.

Darwin et la sélection naturelle

Charles Darwin connaissait la théorie de Lamarck. Il a même été très critique sur le principe d'une tendance à se perfectionner, tout comme il a été déçu par la *Zoonomia* de son grand-père Erasmus, contemporain de Lamarck, qui a développé des idées semblables, quoique de façon plus fantaisiste. On retrouve dans la théorie de Darwin une dialectique transformiste entre les espèces et leur environnement, mais cette fois avec des mécanismes matérialistes, le couple variation/sélection. Les individus sont tous différents les uns des autres, et ils se trouvent confrontés à des contraintes nées de l'environnement qui favorisent les uns au détriment des autres : c'est la sélection.

Darwin ignorait la source de la variabilité entre les individus des espèces. Alors, comme Lamarck et les autres, il en est revenu à l'idée que le milieu imprime ses contraintes sur l'organisme, lequel s'adapte avant de transmettre cette adaptation par voie d'hérédité. Certains contempteurs de la théorie de la sélection naturelle font remarquer que si l'environnement reste relativement stable, la variabilité devrait se restreindre. Les espèces – plus exactement les populations – deviendraient de mieux en mieux adaptées. Pourtant, il savait fort bien que les éleveurs, qui pratiquent une sélection artificielle dans un but précis, doivent poursuivre leur travail de sélection au fil des générations. Il y a toujours des individus qui présentent des variations. La source de la variabilité reste le talon d'Achille de la théorie.

À la même époque, Gregor Mendel découvre les premières lois de l'hérédité en cultivant et en sélectionnant des variétés de petits pois. Darwin ne connaissait pas ces travaux et, si cela avait été le cas, il n'est pas certain qu'ils l'auraient intéressé. Car le fait que les mêmes caractères se transmettent de génération en génération et même en en sautant plaide plus pour la fixité des caractères. Ce sera la grande découverte de la génétique de la première moitié du XXᵉ siècle, celle des gènes qui sont à la fois porteurs de l'hérédité et source de mutations, donc de variabilité.

Quoi qu'il en soit, si Darwin a révolutionné la biologie, c'est parce qu'il lui a conféré son indépendance vis-à-vis des idées ou des principes non scientifiques. Elle est devenue une science matérialiste, comme la physique et la chimie, mais de la matière vivante. Parce qu'il a apporté la démonstration des facteurs dits externes de l'évolution – c'est-à-dire externes à l'organisme – avec la sélection naturelle, la sélection sexuelle et, de façon moins évidente, la contingence ; donc, sans recourir à des principes « mystiques », transcendants ou métaphysiques.

La théorie de Darwin ne pouvait pas ne pas avoir d'incidence sur nos conceptions de la vie. Lui-même en a tiré les conséquences en devenant agnostique. Car il est évident que le caractère matérialiste de sa théorie s'opposait fondamentalement à ce que les religions du Livre, mais aussi la philosophie influencée par ces religions rejetaient depuis des siècles. Le monisme matérialiste de Darwin est fondamentalement inconciliable avec le dualisme caractéristique du naturalisme de la culture occidentale. C'est précisément pourquoi cette théorie a été farouchement contestée, mais pour des motifs extérieurs au champ des sciences de la vie. On comprend alors que, pour la déboulonner, on recherche des réfutations « scientifiques » où on affirme que c'est une interprétation au même titre que d'autres.

La théorie de l'évolution ne pouvait pas échapper à de telles controverses. Au cours de son élaboration, Darwin se réfère à l'*Essai sur le principe de population* de Malthus, à une époque où on cherchait à s'appuyer sur les idées malthusiennes pour réduire toute aide aux miséreux[7]. Mais ce qui l'intéressait surtout, c'était la modélisation mathématique dont il apercevait les implications pour les populations dans la nature. Toutefois, cela n'allait pas sans implications politiques. La théorie de Darwin a donc connu le même sort que celle de Malthus et donné lieu à des extrapolations politiques indues. C'est ainsi que les principaux bâtisseurs des grands courants de la philosophie politique contemporaine de Darwin s'intéresseront à sa théorie pour l'appliquer dans les affaires humaines (Herbert Spencer), pour l'en exclure (Karl Marx) ou encore avec des intérêts sélectifs (Friedrich Engels). En plus des controverses avec la religion chrétienne et la philosophie idéaliste, que de confusions, de détournements et d'errements ! Mais ces dernières années n'ont pas été en reste.

---

7. Selon Malthus, la population augmenterait de façon exponentielle alors que les ressources croîtraient de manière arithmétique. Dès lors, la catastrophe démographique serait inéluctable, à moins d'empêcher la population de s'accroître. Faute de guerres ou d'épidémies, il conviendrait donc de limiter la taille des familles ou de reculer l'âge du mariage pour la population pauvre. De là à en déduire qu'il faudrait renoncer aussi à toute assistance, il y a un important saut effectué par quelques gouvernements du temps de Darwin.

Edward O. Wilson et la sociobiologie

En 1975, le grand spécialiste des fourmis Edward O. Wilson publie *Sociobiology, the New Synthesis* (La Sociobiologie, nouvelle synthèse). Le titre fait référence à la « théorie synthétique de l'évolution » élaborée au milieu du XXᵉ siècle et appelée aussi « néodarwinisme ». L'ambition de Wilson sera à la hauteur des controverses, comme il le rappelle dans l'avant-propos de la réédition révisée et augmentée de 2000. Ces polémiques ont fait rage au sein de la biologie, mais aussi en dehors ou, plus précisément, dans des disciplines qui se sont senties directement menacées et remises en cause dans leurs fondements, tout particulièrement l'anthropologie culturelle. Wilson tente en effet d'inscrire dans sa synthèse toute l'évolution biologique mais aussi tout ce qui concerne l'évolution des comportements, des systèmes sociaux, l'anthropologie et même l'histoire humaine[8].

À la base, la sociobiologie est l'étude du comportement des animaux sociaux et des effets sociaux dans l'évolution naturelle. Elle a permis de redécouvrir la sélection sexuelle et de développer de nouvelles approches en écologie comportementale. Les concepts de sélection individuelle et de sélection de parentèle sont apparus dans ce

---

8. Pour un aperçu de sa démarche globalisante – qui ne vise en aucun cas à justifier une politique inégalitaire, élitiste ou coercitive –, voir en particulier *L'Unicité du savoir* (Robert Laffont, 2000), où il développe le concept de « consilience ». Voir aussi Pierre Jaisson, *La Fourmi et le Sociobiologiste* (Odile Jacob, 1993).

contexte, qui a aussi suscité le renouveau des recherches sur l'altruisme. Très vite, des disciplines jusqu'alors peu investies par les théories de l'évolution – les sciences humaines – se sont braquées et ont dénoncé une tentative de réductionnisme biologique et plus explicitement génétique. D'autant qu'en France notamment, la sociobiologie a été l'objet d'une tentative de récupération politique par certains penseurs d'extrême droite.

La synthèse de Wilson s'appuie sur les travaux de généticiens et d'évolutionnistes comme Trivers, Hamilton (altruisme et sélection de parentèle), ainsi que sur la théorie du « gène égoïste » de Richard Dawkins[9]. Pour ce dernier, les êtres vivants seraient autant de « stratagèmes » mis en place par les gènes pour se diffuser, l'Homme n'échappant pas à cette « loi ». Nous ne serions que des valises porteuses de gènes n'agissant au bout du compte que pour leur profit. L'altruisme – c'est-à-dire la capacité à développer des comportements prenant en compte les autres individus et l'intérêt du groupe au détriment des siens –, mais aussi la sélection de groupe se ramèneraient en fait à des stratégies servant à la diffusion des gènes. Inutile d'insister sur l'ampleur des réactions, du côté des sciences humaines comme chez nombre de philosophes, sans oublier les représentants de diverses religions.

Le terme de sociobiologie est moins usité de nos jours car il est resté entaché de connotations réductionnistes et

---

9. Richard Dawkins, *Le Gène égoïste*, Odile Jacob, 1996.

politiques discutables. Cependant, le développement de la « psychologie évolutionniste », à l'instigation de chercheurs importants comme John Tooby et Leda Cosmides, ainsi que David Buss[10], a suscité à son tour un cortège de controverses nouvelles. Toutefois, trente ans après la première publication du livre de Wilson, on ne peut pas nier que, grâce à la sociobiologie, les théories de l'évolution ont favorisé des avancées considérables, notamment dans les sciences du comportement. Il n'est pas besoin de sombrer dans un réductionnisme caricatural pour admettre que nos comportements ont des fondements héréditaires[11]. En particulier, ceux qui soutiennent au nom de principes dualistes que l'Homme échappe à toute forme de déterminisme devront expliquer comment, avec si peu de différences au niveau du génome entre les chimpanzés et les hommes, nous avons autant de ressemblances et autant de différences. Nos ressemblances s'expliquent par un héritage commun – lui-même provenant d'une longue histoire évolutive antérieure – et par nos évolutions divergentes respectives. Par ailleurs, le fait que nos génomes soient aussi ressemblants en termes de structures écarte toute forme de réductionnisme moléculaire. Les travaux toujours plus nombreux en éthologie ne cessent au contraire de décrire la variabilité et la

---

10. Pour un bon exemple de la démarche propre à la psychologie évolutionniste, sur les comportements et stratégies amoureux, voir en particulier David Buss, *Une passion dangereuse : la jalousie* (Odile Jacob, 2005).

11. Steven Pinker, *Comprendre la nature humaine*, Odile Jacob, 2005.

plasticité des comportements entre les individus d'une espèce comme entre leurs populations. Il y a peu de chances que l'on puisse mettre le doigt sur le gène miracle pour le langage, l'empathie, la sympathie, la raison ou la morale !

Gould et la contingence

Stephen Jay Gould s'est opposé à Edward Wilson – comme lui professeur à Harvard – et à Richard Dawkins, autant pour des raisons scientifiques que pour des motifs philosophiques. Ceux qu'il appelle les « darwiniens radicaux » l'accusent d'avoir trahi l'héritage de Darwin ; d'autres pensent qu'il a fait progresser la théorie darwinienne. Aux uns et aux autres de choisir leur camp.

Au milieu du XXe siècle, la théorie synthétique de l'évolution a fait la synthèse entre la zoologie, la paléontologie et la génétique des populations. Les concepts hérités de cette dernière ont imposé l'idée d'évolution graduelle se traduisant par une modification dans la fréquence relative des gènes au fil des générations – ce qu'on appelle la microévolution. La sélection naturelle opère sur la forte variabilité qui permet à certains individus de s'adapter, et ainsi de suite. Pour expliquer l'apparition de nouvelles espèces, puis de nouvelles lignées – c'est-à-dire la macroévolution –, la théorie invoque l'interposition d'une barrière géographique entre les populations. Les premières applications de ce modèle de spéciation pour la lignée humaine seront celui de l'isolement des populations ancestrales des hommes de Neandertal en Europe, proposé par Francis Clark Howell à la fin des années 1970, et l'*East Side Story* d'Yves Coppens, entre notre lignée et celle des chimpanzés de part et d'autre des vallées du Rift en Afrique au début des années 1980. La théorie synthétique replace la sélection naturelle au cœur de l'évolution et s'efforce d'interpréter tous les caractères distinguant des populations ou des espèces comme des adaptations à leurs environnements respectifs. Dans un tel contexte, tous les caractères qui distinguent la lignée humaine de celle des grands singes se rapportent respectivement à des adaptations à la vie dans les savanes ou dans les forêts. Conséquence aussi logique qu'ennuyeuse de cette conception gradualiste, les grands singes actuels représentent le grade ancestral qui précède l'émergence de notre lignée.

Au début des années 1970, Stephen Jay Gould et Niles Elredges ont formulé la théorie des équilibres ponctués. Ce modèle suppose une évolution stabilisée ou lente et graduelle pendant de longues périodes – les équilibres –, entrecoupées de périodes d'évolution rapide à l'échelle des temps géologiques. Quelques années plus tard, Gould a remis au goût du jour l'importance des études sur l'ontogenèse et la phylogenèse dans un ouvrage fondamental jamais traduit en français et intitulé *Ontogeny and Phylogeny* (1977). Les recherches sur ce sujet avaient été délaissées à cause des dérives finalistes et racistes. Il a aussi réhabilité les études sur la forme et la taille, autrement dit la morphologie, ce qui a conduit au renouveau des recherches portant sur la biométrie et les processus évolutifs qui affectent la taille et la forme. Mais c'était aller sur un terrain occupé par les antidarwiniens qui, citant les travaux de D'Arcy Thomson (*On Growth on Form*, 1911) reconnaissent des contraintes agissant sur les formes anatomiques exprimées mathématiquement et selon des lois de la physique, ce qui s'accorde mal avec les notions de variation et de sélection[12]. Gould a ainsi réussi le tour de force de renouveler des domaines traditionnellement considérés comme opposés au néodarwinisme dans le cadre des théories darwiniennes. Ce faisant, il a réveillé de vieux fantômes qui dormaient dans les placards de la paléoanthropologie.

À fin des années 1970, avec Richard Lewontin, il a dénoncé les conceptions naïves de l'adaptation qui ne sont pas sans rappeler la Providence ou la théologie naturelle. Critique salvatrice, car ces dérives, vantant « la survie du plus apte », conduisent à des impasses scientifique et épistémologique.

Gould réintroduit au contraire les concepts de contraintes et de contingence. Il n'existe pas de « plus apte » au sens absolu ou métaphysique, mais des individus qui survivent et se reproduisent plus que les autres. Le concept de contrainte ne signifie pas qu'il n'y a pas de variations ni de plasticité, mais que celles-ci sont contraintes dans un « jeu des possibles ». Quant à la contingence, elle désigne le fait que l'état de la nature, à une époque donnée, propose un jeu

---

12. Voir Alain Prochiantz, *Machine-esprit*, Odile Jacob, 2001.

des possibles sur lequel opère la sélection naturelle, la sélection sexuelle et aussi le hasard ou la chance. On comprend bien que les individus qui ont un meilleur succès reproductif diffusent plus leurs gènes, mais, ce faisant, ils contraignent la variabilité du génome. Si de la variabilité et de la plasticité ne se redéploient pas à partir de ce génome, alors les populations se maintiennent dans une phase d'équilibre tant que l'environnement ne change par trop (équilibre) ; s'il se modifie, alors des individus appartenant le plus souvent à des populations périphériques peuvent se retrouver avantagés et diffuser rapidement leurs caractères (ponctuation). De tels changements peuvent se produire rapidement par effet fondateur et dérive génétique de populations périphériques, fixant leurs caractéristiques dans le génome, ce qui peut conduire à une spéciation de type périphérique[13].

---

13. L'intérêt de Gould pour les travaux sur l'ontogenèse repose sur la notion apparemment contradictoire de contrainte et de plasticité. Il ne fait aucun doute que le développement de l'individu et sa croissance répondent à une dialectique entre le patrimoine génétique et l'environnement. Les périodes de l'ontogenèse présentent aussi de la variabilité sur laquelle agit la sélection (les hétérochronies). Il en est de même pour la morphologie, les répertoires locomoteurs et les comportements (Gould ne s'est jamais vraiment intéressé à l'éthologie). Or ces systèmes contraints et leur plasticité sont aussi source de nouveauté. Ils présentent des caractères et aptitudes liés à ces systèmes apparemment inutiles, donc non adaptatifs que Gould et Vrba nomment « exaptations ». Par exemple, l'aptitude à la bipédie fait partie du répertoire locomoteur des grands singes qui se suspendent. Certaines espèces et certaines populations parmi ces espèces, comme chez les chimpanzés et les bonobos, en font un usage plus ou moins

Ces quelques éléments historiques et ces débats plus ou moins internes à la théorie darwinienne de l'évolution méritaient d'être rappelés avant de préciser en quoi elle est proprement scientifique, à l'inverse des conceptions, souvent idéologiques, qui lui sont opposées sur le mode de l'anathème.

La théorie de l'évolution est une théorie scientifique

La science ne se définit pas par sa capacité à expliquer (ou non) le monde dans sa totalité, mais par sa démarche fondée sur une méthodologie « matérialiste[14] ». Le recours

---

fréquent pour de simples raisons de commodité. Leur aptitude à la bipédie est une exaptation qui existait chez notre dernier ancêtre commun. Ils ne l'ont guère développée au cours de leur évolution. Il en est allé autrement dans notre lignée : cette fois, la bipédie est une adaptation car elle fait partie des caractères qui nous ont avantagés au cours de notre évolution.

14. « Méthodologie matérialiste » signifie qu'on renonce à invoquer un quelconque principe invisible, indémontrable, inobservable, voire indéfinissable, ou un « pouvoir », pour rendre compte de phénomènes physiques (par exemple les caprices des dieux pour expliquer les aléas de l'histoire, l'éther de Newton, la génération spontanée battue en brèche par Pasteur, le Dieu créateur ou grand architecte des théistes et des déistes, l'influence d'extraterrestres faisant accéder l'Homme à l'intelligence, la vengeance divine pour l'apparition du sida ou l'action d'« esprits » agissant sur les humeurs de votre conjoint ou les

au matérialisme ne participe pas d'une position philosophique réductionniste, mais de la méthode scientifique, fondée sur la nécessité d'apporter des preuves par l'observation et l'expérimentation. Le recours à l'étude des faits objectifs permet de reproduire des faits et des expériences. Si la science ne prétend pas livrer une explication universelle de tout, elle repose néanmoins sur une méthode universelle vérifiable par tous.

La théorie de l'évolution se présente comme une science à la fois théorique et historique, comme une science des structures et des processus. La confusion entre les deux produit des contradictions, parfois chez les scientifiques eux-mêmes, mais surtout chez les contempteurs de l'évolution. Ainsi, lorsqu'ils affirment que les évolutionnistes ne peuvent pas reproduire l'évolution, ils appliquent un régime de preuve, la reproductibilité, propre aux sciences théoriques. Or celui-ci n'a aucune pertinence pour une science historique. Chacun sait que l'histoire, pas plus que l'évolution, ne repasse les plats.

L'évolution, science théorique

C'est l'ensemble des sciences de la vie, la biologie. Elle se compare aux autres sciences dites dures, comme la

---

performances du PSG). Ce principe de rigueur relève de la parcimonie intellectuelle. Dieu ne joue peut-être pas aux dés, comme disait Einstein, mais les scientifiques, eux, ne jouent pas aux Pokémons !

physique et la chimie. Elle se fonde sur l'observation de faits et sur l'expérimentation. C'est une science des processus qui cherche à répondre à la question : comment cela se fait-il ? En observant et en modifiant des paramètres, les scientifiques cherchent à mettre en évidence des mécanismes. Les diverses manipulations effectuées en biologie moléculaire révèlent le mode de duplication et d'expression des gènes. En reproduisant indépendamment les mêmes expériences dans un autre laboratoire et selon les mêmes protocoles, on valide les mêmes résultats[15]. La génétique du développement montre comment des gènes, leurs arrangements, leurs expressions et leurs interactions guident ou modifient la construction de l'organisme. Les gènes architectes, comme les gènes homéotiques, ont des effets connus et reproductibles sur l'embryogenèse. D'une certaine façon, la génétique au sens large est à la biologie ce que la cinématique est à la physique. Une discipline comme la physiologie se fonde sur les processus et se compare, pour simplifier quelque peu, à la dynamique.

Si on s'intéresse non plus à l'organisme, mais à des collections d'organismes, des expériences effectuées avec des populations à taux de reproduction rapide (entités unicellulaires, insectes, rongeurs, etc.) mettent en évidence des

---

15. C'est ainsi qu'a été dénoncée récemment la fraude d'un chercheur coréen qui prétendait avoir réalisé des avancées spectaculaires sur le clonage humain. On attend aussi avec impatience les résultats des raéliens !

mécanismes de dérives et de sélection. Avec le temps, les chercheurs observent des phylogénies. De telles expériences se pratiquent dans des conditions plus difficiles à contrôler en écologie. L'observation du repeuplement d'une aire géographique, comme une île après un épisode volcanique, décrit les effets fondateurs, les dérives, la compétition entre les espèces et leurs conséquences. Dans ce type d'expérimentation, il est très difficile de reproduire les mêmes faits, tout simplement parce que les chercheurs ne peuvent pas maîtriser tous les paramètres comme dans le laboratoire. Mais ce qui importe ici, c'est moins la reproductibilité des résultats que celle des processus. Toutes ces recherches sur les mécanismes agissent sur ce qu'on appelle les « causes proximales », les paramètres dont on peut observer les effets en agissant sur leurs caractéristiques.

Il est évident que la reproductibilité du résultat devient plus difficile à obtenir au fur et à mesure que l'on monte dans la hiérarchie du vivant, depuis le gène jusqu'aux systèmes écologiques en passant par la biologie du développement, l'embryologie, la physiologie, l'éthologie et l'écologie. Cela ne signifie pas que les chercheurs renoncent à ce type de recherches. L'introduction ou la réintroduction d'une espèce dans un écosystème, comme les loups à Yellowstone, a eu des effets prévisibles sur la végétation. En éthologie, on arrive à reproduire des changements de comportement plus ou moins prévisibles en jouant, par exemple, sur le type de nourriture. Ce genre de recherche, sur les causes proximales, est fondamental ; sans cela, on ne peut pas expliquer la phylogenèse, plus précisément le « comment cela a pu se faire ».

Dans toutes ces disciplines de la biologie des processus, les chercheurs suivent une méthode hypothético-déductive proche de celle des sciences dures : expérimentation, reproductibilité, réfutabilité, modélisations mathématiques, etc. Beaucoup de biologistes s'arrêtent là. Pour conduire ces recherches sur les processus, ils pensent ne pas avoir besoin de la théorie de l'évolution. Les sciences de la vie révèlent une incroyable complexité, si déconcertante, qu'elle amène à croire à une intelligence supérieure. Si ces biologistes connaissaient un peu mieux l'histoire de leur discipline, ils s'apercevraient que la biologie des « causes proximales » n'aurait pas progressé sans ce qu'on appelle la science des « causes ultimes », autrement dit l'évolution.

L'évolution, science historique

Selon l'expression célèbre de Theodosius Dobzhansky : « Rien en biologie n'a de sens si ce n'est à la lumière de l'évolution[16]. » En tant que science historique, elle explique la répartition des structures dans le monde vivant. Pour Darwin, la signification des classifications, leur cause ultime, vient d'une histoire : l'évolution. Mais cela ne suf-

---

16. Ce biologiste et généticien ukrainien, émigré aux États-Unis dans les années 1920, a eu un apport essentiel pour la théorie synthétique de l'évolution.

fit pas. Autrement dit, l'étude des seules structures ne fait pas de la théorie de l'évolution une science à la fois théorique et historique.

Du seul point de vue des structures, la systématique et les classifications décrivent l'organisation du vivant. Mais ces classifications ne portent pas en elles l'idée d'évolution. Des classifications somme toute assez proches soutiennent une conception fixiste du monde, transformiste (échelle des espèces), évolutionniste (grades) ou phylogénétique (relations de parenté). Les progrès de la systématique phylogénétique consistent en une analyse purement structurale sans aucun présupposé sur l'histoire, comme pour la systématique évolutionniste et gradualiste. Il serait illusoire de croire que les faits sont indépendants de tout fondement théorique.

Il en va de même en paléontologie, science historique apparemment évidente. Les premiers paléontologues concevaient des mondes perdus, des révolutions du globe selon la formulation de Cuvier, mais pas une histoire, pas une dynamique du changement, donc des transformations. La succession des faunes fossiles ne conduit pas à l'idée d'évolution, comme on peut l'entendre parfois.

L'anatomie comparée, la physiologie comparée, l'embryologie comparée, la paléontologie, la systématique, la systématique moléculaire, l'éthologie comparée sont des sciences des structures, des sciences de l'observation et de la comparaison. Les méthodes de comparaison reposent sur des principes universels de rationalité et sont donc applicables par tous. Les méthodes qui aboutissent à des classifications, les différents types de systématiques, font l'objet d'énoncés précis qui permettent de reproduire indépendamment les mêmes travaux[17].

Les classifications résultent d'une histoire qui s'appelle l'évolution. Encore faut-il en dégager le processus qui en est responsable. C'est la sélection naturelle, laquelle ne peut être mise en évidence que dans le cadre des sciences des processus, celles des causes proximales, exactement comme pour la tectonique des plaques.

Faits et théories

L'évolutionnisme moderne est une science théorique comme les autres qui a pour objectif ultime d'expliquer des processus historiques *et* contingents, ce que n'ont pas à faire les autres sciences théoriques. La théorie de l'évolution repose sur des processus et des faits. La seule étude des processus permet de comprendre comment fonctionne l'évolution, mais pas ce qu'elle sera. Elle amène à proposer des hypothèses qui peuvent être testées par les sciences des structures. On a vu que l'une des arguties des créationnistes et des partisans du dessein intelligent est que la théorie de l'évolution ne peut pas faire de prédiction, sous-entendu qu'on ne peut pas former d'hypothèse sur la suite de l'évolution. Or le test de reproductivité ne peut se pratiquer dans le cadre d'une

---

17. Guillaume Lecointre et Hervé Le Guyader, *Classification phylogénétique du vivant*, Belin, 2006.

science historique. On ne refait pas l'histoire. Mais la théorie de l'évolution possède un principe de rétrodiction : on peut tester une hypothèse dans les sciences des structures, dont la paléontologie. La biologie moderne a démontré l'unité du vivant : mêmes bases moléculaires de l'hérédité, même code génétique et mêmes mécanismes de régulation. Cela conduit par exemple à imaginer l'hypothèse d'un unique ancêtre commun pour tous les organismes vivants connus, le célèbre LUCA (*Last Universal Common Ancestor*). Il est impossible de retrouver ce LUCA, mais il a existé ; et la conséquence en est que toutes les lignées évolutives ont divergé depuis. La systématique reconstitue cet arbre du vivant et la paléontologie décrit comment il s'est déployé depuis une origine unique jusqu'à la biodiversité d'aujourd'hui. L'arbre généalogique du vivant s'impose comme un concept simple et puissant qui restitue toute l'évolution[18]. Toutes les connaissances acquises grâce aux sciences des structures deviennent intelligibles. La solidité de l'arbre repose justement sur le fait que les connaissances acquises dans des sciences aussi indépendantes que la systématique des parties anatomiques, comme la systématique moléculaire, l'embryologie, la physiologie comparée, la paléontologie et la génétique du développement, s'accordent pour valider sa consistance[19].

---

18. Pascal Tassy, *L'Arbre à remonter le temps*, Christian Bourgois, 1991.
19. L'un des acquis les plus remarquables de la théorie de l'évolution est la correspondance entre les gènes homéotiques et le plan d'organisation

La théorie de l'évolution n'énonce pas à proprement parler de lois comme en physique, c'est-à-dire des énoncés universels vérifiables partout dans l'espace et dans le temps. Contrairement aux conditions d'expérimentation en physique et en chimie, les expériences ne se font pas « toutes choses égales par ailleurs ». La sélection naturelle, quoique universelle, n'est pas une loi. Elle est la conséquence d'un ensemble très divers d'événements qui dépendent de circonstances limitées dans l'espace et dans le temps. Elle est historiquement contingente. C'est pourquoi on ne pourra pas reproduire la même histoire de la vie, même à partir des mêmes conditions initiales et même si les processus restent identiques. Une certitude toutefois, il y aura évolution. Même s'il y avait une « loi de l'évolution », une tendance ou un dessein, l'histoire de la vie prendrait d'autres

---

des animaux à symétrie bilatérale, les bilatériens qui rassemblent tous les insectes et tous les vertébrés. Ces gènes responsables de notre plan d'organisation se retrouvent chez la mouche et chez l'Homme et la seule explication provient de la théorie de l'évolution : ce plan d'organisation et ses supports génétiques sont apparus il y a plus de 600 millions d'années chez l'ancêtre commun des bilatériens et se retrouvent chez ses millions de descendants. Un magnifique exemple de contraintes – le plan d'organisation et de plasticité. La théorie de l'évolution a donc une valeur heuristique totale et satisfaisante et présente une cohérence telle qu'elle intègre tous les faits mis en évidence par des sciences de structures indépendantes les unes des autres. À cet égard, la théorie de l'évolution est plus cohérente que la physique, qui a besoin de plusieurs théories – physique newtonienne, relativité restreinte et générale – ou alterne les registres explicatifs comme pour la dualité onde/corpuscule de la lumière.

chemins puisque des événements complètement indépendants de la vie – météorites, tectonique des plaques, courants océaniques, glaciations, volcanisme – interfèrent avec
elle, ne serait-ce que pour les grandes extinctions. Le
hasard et la contingence proviennent de la confrontation
de systèmes indépendants les uns des autres : les trajectoires
des météorites n'ont rien à voir avec les éruptions solaires
et pas plus avec la tectonique des plaques et son cortège de
conséquences. À l'opposé, les partisans du dessein intelligent s'efforcent de nier l'influence des changements
d'environnement au cours de l'évolution, considérant que
la volonté finaliste de la vie les transcende. Il s'agit bien
d'une croyance et non pas d'une hypothèse scientifique.

La sélection naturelle n'est pas une loi universelle qui
donnerait les mêmes résultats partout dans l'espace et le
temps. En revanche, que ce soit pour la vie sur la Terre ou
ailleurs – si c'est le cas –, la sélection agirait sur des systèmes capables de duplication et de reproduction. Il y aurait
donc évolution pour les mêmes raisons : les mêmes causes
(couple variation/sélection) produiraient les mêmes effets,
l'évolution, mais avec des arbres différents. Des expériences
réalisées avec des agents artificiels autoreproducteurs,
notamment grâce à la modélisation sur ordinateur, mettent
en évidence l'action de la sélection. De ce fait, la théorie de
l'évolution est une science « monothétique », car la sélection naturelle est un principe qui s'applique à tout système
contenant des agents reproducteurs, indépendamment de
leur composition matérielle comme de leur histoire. C'est là

un aspect fondamental de la théorie de l'évolution. Il n'existe pas de lois, comme il y en a dans les sciences « dures ». La théorie de l'évolution repose sur des concepts : adaptation, sélection naturelle, dérives génétiques, spéciation exaptations, variabilité, contraintes phylogénétiques, etc., mis en évidence par les sciences du processus.

Il existe une autre source de confusion à propos de la sélection naturelle. En choisissant de la nommer ainsi, Darwin se référait à la sélection artificielle pratiquée par les éleveurs, ce qui ne manquait pas de suggérer l'idée d'un but. Mais il n'en était pas question dans l'esprit de son inventeur. De même pour l'idée de « survie du plus apte », qui laisse entendre qu'il existerait une sorte d'aptitude idéale, ce que Karl Popper a bien fait d'épingler. Un individu pourrait posséder les caractères les plus aptes dans son environnement, cela ne signifie pas pour autant qu'il laissera une plus grande descendance. Or, rappelons-le avec force, la sélection naturelle vise à expliquer comment et pourquoi des individus fécondent une plus grande descendance que les autres. Ce n'est donc pas une loi interne à la vie, comme la gravitation est une loi immanente de la matière. *La sélection naturelle est un principe qui recouvre tous les mécanismes et les circonstances qui font que des individus laissent une plus grande descendance que d'autres*: résistance aux agents pathogènes, capacité à échapper aux prédateurs, accès aux nourritures, compétence sociale et compétition sexuelle.

Plus surprenant, la sélection naturelle exerce un effet réversif en favorisant des organismes capables de produire

de la variabilité et de la plasticité. Ces propriétés de variabilité et de plasticité se présentent avec des amplitudes très
diverses selon la complexité des êtres vivants. En simplifiant, chez les bactéries le taux de duplication et de mutation suffit à produire de la variabilité sur laquelle agit la
sélection naturelle. Chez des espèces complexes comme les
grands singes et les hommes, à la variabilité interindi-
viduelle s'ajoute une plasticité présente tout au long de
l'ontogenèse et cette « ouverture phénotypique de notre
génome », pour paraphraser François Jacob, a été sélectionnée au cours de notre évolution. La sélection naturelle agit
sur la variabilité, mais aussi favorise la production de variabilité. Sans cela, des organismes à longue espérance de vie
n'auraient jamais pu exister. Darwin était loin de l'imaginer, mais cela fait tomber l'anathème de Popper.

Darwin, contrairement aux darwinistes d'hier et
d'aujourd'hui, ne pensait pas qu'à elle seule, la sélection
naturelle pouvait rendre compte de tous les faits de l'évolution. Il s'intéressait donc à la sélection sexuelle qui
amène les individus de certaines espèces à déployer des
comportements de parades susceptibles de les mettre en
danger vis-à-vis des prédateurs, mais aussi à la sélection de
caractères et d'attributs morphologiques apparemment peu
avantageux hors du contexte sexuel, comme les bois
immenses de certains cervidés, les plumes magnifiques et
encombrantes des oiseaux, etc.

Récemment, Amotz Zahavi a développé une hypothèse
peu appréciée des darwiniens orthodoxes à partir de ses

études sur le cratérope écaillé. Chez cette espèce d'oiseau, les mâles adoptent des comportements aberrants qui menacent leur vie. Ils se lancent dans des vols en piqué pour épater les femelles et se rétablissent au dernier moment pour ne pas s'écraser... ce qui arrive quand même pour certains. Comment la sélection naturelle a-t-elle pu sélectionner un tel comportement ? Les mâles se livrent à une compétition très serrée pour séduire les femelles qui apprécient ceux qui savent prendre des risques.

Chez les espèces sexuées, assurer une plus grande descendance passe par deux conditions à respecter : la viabilité et la fécondité. La première concerne la capacité des individus à arriver à l'âge de la maturité sexuelle et somatique. Elle dépend à la fois de l'environnement physique, des facteurs de sélection naturelle et aussi de l'environnement social. La seconde est la capacité des individus à se reproduire. Contrairement à ce qui se lit et s'entend chez trop de naturalistes et de sexologues qui se réfèrent à une conception sociobiologique aussi caricaturale que fausse, la stratégie des mâles ne consiste pas à copuler avec le plus grand nombre de femelles car, évidence souvent occultée par l'idéologie de la domination masculine, les femelles font des choix. C'est cela qui oblige les mâles à se lancer dans de tels comportements à risques. La compétition entre les mâles et le choix des femelles sélectionnent donc des morphologies et des comportements qui peuvent nuire à la viabilité – sélection naturelle –, mais favoriser la fécondité – sélection sexuelle. Évidemment, les espèces présentent une grande variabilité quant à l'influence respective de ces divers facteurs de sélection[20].

La sélection naturelle reste le principe central de la théorie de l'évolution. Toutefois, le fait qu'elle n'explique pas tout dans l'évolution ne signifie pas que le principe est faible. Cela veut dire que d'autres facteurs contraignent son action – les contraintes phylogénétiques – et que des facteurs étrangers à la vie interviennent. Tout analyste évolutionniste se doit donc de mettre en évidence l'action de la sélection naturelle, ou plus explicitement tous les facteurs de sélection regroupés sous cette dénomination en

---

20. En tenant compte des travaux de Gould, qui introduit les notions de hasard, de contingence et de contraintes, que reste-t-il de la sélection naturelle et de l'adaptation ? Il y a bien adaptation, c'est-à-dire des caractères qui ont été sélectionnés au cours de l'histoire d'une espèce ou d'une lignée, des caractères qui leur donnent ou leur ont donné un avantage dans des contextes environnementaux passés et/ou présents. Ces caractères adaptatifs se retrouvent à tous les niveaux des organismes, depuis les gènes jusqu'aux capacités cognitives en passant par les systèmes immunologiques, digestifs, physiologiques, locomoteurs, comportementaux, etc. Un caractère adaptatif est considéré comme tel si on le retrouve dans des lignées séparées ou indépendantes et acquis dans des circonstances similaires. L'adaptation liée à la chaleur passe par diverses formes de thermorégulation (physiologie), les comportements (éthologie), la taille corporelle (morphologie) et les artéfacts (culture). Diverses réponses adaptatives, par exclusives les unes des autres, et que l'on observe dans des lignées très éloignées phylogénétiquement les unes des autres. La morphologie hydrodynamique des thons, des marsouins et des requins est une adaptation à la nage rapide imposée par les lois de la physique des fluides. Ces espèces marines présentent des profils corporels similaires, mais pas

évitant les dérives tautologiques ou finalistes. C'est une démarche qui s'appuie sur un réductionnisme méthodologique nécessaire, bien qu'il ne puisse pas tout expliquer, les autres explications, forcément matérialistes, étant elles aussi à expliciter. De même, le principe qui stipule que les individus agissent de telle sorte qu'ils diffusent au mieux leurs gènes est d'ordre méthodologique. C'est ainsi que la théorie du « gène égoïste » ne dit pas que nos gènes agissent avec une volonté qui nous dépasse. Les gènes n'ont aucune volonté ; ils ne sont ni sournois, ni manipulateurs, ni tout-puissants. Il en va autrement des individus et, selon

---

identiques, sans oublier des détails importants d'un point de vue hydrodynamique au niveau de la peau, celle des requins étant moins bien adaptée à cet égard que celle des dauphins. De même pour les adaptations au vol. Pour des raisons liées aux contraintes de construction des vertébrés, seuls les membres antérieurs peuvent fournir le moteur du vol. Mais, au niveau de l'anatomie de ces membres antérieurs – les ailes –, on observe des plans squelettiques très différents entre les chiroptères (membrane de peau tendue sur des os de la main très allongés), les oiseaux (plumes insérées sur les os du membre antérieur avec réduction des doigts) ou les ptérosaures (membrane tendue sur un doigt hypertrophié de la main et attachée le long du corps). Autant de magnifiques exemples de contraintes et de plasticité qui ne peuvent se comprendre que dans une perspective évolutionniste. Ce sont là des exemples bien connus pour la morphologie et la locomotion. Il en est de même, par exemple, pour les comportements. La monogamie, que l'on observe chez beaucoup d'espèce d'oiseaux et chez quelques espèces de mammifères, notamment chez les singes, est une stratégie adaptative qui mobilise la femelle et le mâle autour des soins et de l'éducation de jeunes, le plus fréquemment uniques, qui exigent beaucoup d'attention et de protection.

les stratégies comportementales, sociales et sexuelles sélectionnées au cours de l'histoire évolutive des différentes espèces, cela peut conduire à des comportements altruistes et à des stratégies de groupes.

La sélection naturelle, c'est comme la chute des corps. Nous savons depuis Galilée qu'un boulet de plomb tombe à la même vitesse qu'une plume. Hélas, on n'arrive pas à vérifier ce principe sur la Terre. Pourtant, il n'est pas faux. Il faut tenir compte de la résistance de l'air. Ce facteur étant contrôlé, on vérifie le principe, comme le firent les astronomes de la mission Apollo sur la Lune en 1969. Il en va de même pour l'évolution de la vie sur la Terre. Dans la dernière édition de *L'Origine des espèces*, Darwin écrivait ainsi : « Lorsqu'on a dit la première fois que le Soleil est fixe et que la Terre tourne autour de lui, le sens commun de l'humanité a déclaré que cette conception était erronée ; mais, comme tout philosophe le sait, le vieux dicton *Vox populi, vox Dei* (la voix du peuple est la voix de Dieu) ne peut pas être pris en compte en science. »

La théorie de l'évolution et la modernité

D'un point de vue épistémologique, la théorie de l'évolution répond à tous les critères de scientificité. Seulement elle s'articule en deux ensembles de disciplines, celles des processus et celles des structures. Les premières reposent sur des recherches qui mobilisent toutes les méthodes des sciences dures : observations, comparaisons, expérimentations et modélisations (forcément mathématiques). Celles des structures fonctionnent comme des sciences historiques. Par conséquent, comme pour l'histoire humaine, on ne peut pas reproduire en laboratoire la séquence des événements. Vouloir dénoncer la non-scientificité de la théorie de l'évolution en tant que récit scientifique et historique parce qu'on ne peut lui appliquer un régime de preuve propre aux sciences théoriques n'a donc strictement aucune pertinence épistémologique. Pour autant, tout récit sur l'évolution des espèces ou des lignées de l'arbre du vivant conserve le statut d'une hypothèse soumise à un régime de la preuve comme dans les sciences historiques ; ces preuves sont les communautés fossiles avec leurs contenus paléontologiques et géologiques. L'histoire de l'*East Side Story* évoquée dans le chapitre précédent en offre une belle illustration. Bien avant la formulation de cette hypothèse par Yves Coppens dans les années 1980, la paléontologie humaine est marquée par un siècle d'avancées spectaculaires qui déplacent le champ des recherches sur l'émergence de la lignée humaine de l'Europe en Asie avant de s'implanter en Afrique. Entre-temps, on est passé du concept de chaînon manquant à celui de dernier ancêtre commun.

Darwin a élaboré sa théorie en s'inspirant des principes de Francis Bacon, le célèbre chancelier et philosophe anglais qui a fondé, avec René Descartes en France, les principes de la connaissance de la nature. Pour Bacon, la connaissance scientifique est la recherche des causes naturelles des faits et la détermination de leur essence. La théorie de l'évolution s'est déployée dans une interaction constructive entre la théorie et l'observation. Stephen Jay Gould le rappelle dans les premières pages de son dernier grand livre[21].

Dans ce chapitre, nous avons évoqué les grandes évolutions des théories de l'évolution. Il est erroné de parler de « théorie darwinienne » ou de « darwininisme ». Darwin a apporté une explication de l'évolution et d'une partie de ses processus : la sélection naturelle et la sélection sexuelle. Mais la première idée cohérente de l'évolution vient de Lamarck. Puis apparurent la génétique, l'éthologie et d'autres contributions importantes (équilibres ponctués, gène égoïste, théorie neutraliste, sociobiologie, etc.). En parlant de « théorie darwinienne », ses contempteurs veulent faire croire que c'est la théorie d'un seul homme, d'un gourou antéchrist et de sa secte. Nullement. Car si la théorie de l'évolution a tant évolué depuis Larmarck jusqu'à nos jours, c'est parce que les biologistes n'ont cessé de la remettre en cause. Et elle a évolué dans un cadre épistémologique scientifique, non

---

21. Stephen Jay Gould, *La Structure de la théorie de l'évolution*, Gallimard, 2006.

sous les coups et les arguties obsolètes de ses détracteurs, incapables d'évoluer. La théorie de l'évolution est une théorie de la modernité, ce qui a des incidences pour notre avenir.

Chapitre 5

L'AVENIR DE L'ÉVOLUTION

L'évolution est perçue comme le grand passé de l'arbre du vivant qui s'enracine profondément dans l'histoire de la Terre. Il en est bien ainsi. Mais cet arbre est fait aussi pour grandir.

L'arbre s'impose comme la métaphore la plus puissante et la plus heuristique des rapports de l'Homme à la nature. Il peuple tous nos mythes. On pense à l'arbre de la connaissance dans le jardin du Paradis, auquel les créationnistes reprochent encore et toujours aux scientifiques de trop toucher. De la pomme d'Ève à celle de Newton, les connaissances n'ont cessé partout d'avancer et de se diversifier en multiples branches, celles de l'arbre des disciplines selon d'Alembert en frontispice de l'*Encyclopédie*. Un siècle plus tard, c'est le premier arbre phylogénétique de Charles Darwin, qui restitue les relations de parenté entre les lignées et leur évolution. Aujourd'hui, la place de l'Homme dans l'histoire de la vie ne se comprend qu'avec un arbre, celui de ses relations de parenté avec les autres espèces et celui de toutes les connaissances interdisciplinaires qui sont au chevet de ces deux grandes questions : qui sommes-nous et d'où venons-nous ?

Ce chapitre se tourne vers la troisième question : où allons-nous ? Le grand arbre du vivant auquel nous sommes liés subit de graves dommages, celui du terrible élagage dû à la perte effroyable de biodiversité et celui du réchauffement climatique. Il s'agit toujours de l'évolution, mais cette fois avec un acteur dominant : l'Homme. La lignée humaine ne représente qu'une toute petite branche de l'arbre de la vie, une brindille réduite à notre seule espèce et ployant sous le poids d'un gros fruit qui peut pourrir une partie de l'arbre ou l'aider à s'épanouir, l'humanité.

Poursuivons cette analogie insistante de l'arbre. Toute notre évolution, depuis des dizaines de millions d'années, est étroitement enlacée au monde des forêts. Puis, les hommes, le genre *Homo*, s'en affranchissent et se répandent sur tous les continents. Ensuite, il y a 10 000 ans environ, diverses populations se sédentarisent et inventent différentes formes d'agriculture. Les villages, les villes, les royaumes, les États et les nations suivent : c'est l'Histoire. Au cours de ces quelques milliers d'années, la population d'*Homo sapiens* passe de moins de dix millions à plus de six milliards d'individus : mille fois plus depuis qu'il a été dit « croissez et multipliez ». Au cours de l'Histoire, des civilisations sont nées, ont grandi et disparu, en vertu d'une longue suite d'effondrements, si bien décrite par Jared Diamond. Les civilisations dépérirent parce qu'elles ne surent pas modifier ou changer les valeurs qui avaient fait leur force. Elles inventèrent une grande diversité de systèmes religieux, politiques, économiques et sociaux. Toutes partagent cependant une même histoire du déclin : surexploitation des ressources naturelles, approvisionnement en eau problématique, déforestation.

Aujourd'hui, nous vivons au sein d'une civilisation mondiale pour laquelle nous pouvons faire exactement le même constat. Or que nous dit l'évolution : nous avons une origine commune avec toutes les autres populations humaines, mais aussi avec les autres espèces. Mais l'arbre du vivant qui nous unit dans une communauté de destin se porte de plus en plus mal.

Ce chapitre aborde dans une perspective évolutionniste deux questions cruciales pour notre avenir : la biodiversité et le réchauffement climatique. Il s'agit bien d'évolution, et selon qu'on est fixiste (le meilleur des mondes possibles), transformiste (idéologie du progrès, dessein intelligent) ou évolutionniste, la compréhension de ces grands défis n'est pas la même et, par conséquent, « notre avenir à tous » s'engage très différemment.

Qu'est-ce que la biodiversité ?

C'est en 1974 que le paléoanthropologue Richard Leakey publie *La Sixième Extinction*[1]. Ce titre se réfère aux grands épisodes catastrophiques de l'histoire de la vie sur la Terre[2]. Elle a en effet été frappée par cinq extinctions massives, qui ont eu une ampleur dévastatrice sur la biodiversité. La plus connue a été mise en scène par *Jurassic Park* et par le dessin animé pour enfants *Dinosaures* : c'est la fin des dinosaures terrestres[3]. Pourtant, elle n'est pas la plus dramatique au regard des précédentes. Seules quelques grandes lignées ont été sévèrement affectées. Qu'elle ait été due à l'impact d'une météorite dans le Yucatán (Chicxulub), à un volcanisme intense dans le Deccan ou à une fragmentation des continents, cette extinction a fait intervenir des événements frappant au hasard : certaines communautés écologiques soumises peut-être à la chute directe d'une

---

1. Richard Leakey et Robert Lewin, *La Sixième Extinction*, Champs-Flammarion, 1999.
2. Ordovicien (435 millions d'années), Dévonien supérieur (360 millions d'années), fin du Permien (245 millions d'années), fin du Trias (210 millions d'années), fin du Crétacé (65 millions d'années).
3. Pour un contrepoint scientifique à ces films et aux controverses scientifiques qu'ils effleurent, voir Robert Desalle et David Lindley, *La Science de Jurassic Park*, Bayard, 1997. Et bien sûr, la référence plus approfondie demeure Philippe Taquet, *L'Empreinte des dinosaures*, Odile Jacob, 1994.

météorite ont été balayées, certaines lignées tirant avantage de ces changements. C'est ainsi que tous les dinosaures n'ont pas disparu puisqu'une branche, celle des oiseaux, s'est déployée dans les airs avec une biodiversité encore aujourd'hui deux fois supérieure à celle des mammifères. Mais ces derniers ont sans doute été les grands bénéficiaires de cette catastrophe devenue un coup de chance. Il est indéniable en effet qu'ils se sont diversifiés au cours de l'ère tertiaire ou cénozoïque, autrement dit l'« âge des mammifères ». Pourtant, ils n'en avaient pas fini avec les descendants des dinosaures puisque les prédateurs les plus redoutables du début de l'ère tertiaire étaient des oiseaux carnassiers.

Or la façon encore courante de raconter l'histoire de la vie enchaîne une série d'épisodes invariablement orientés vers l'avènement de l'Homme. Lui qui a le fabuleux privilège de décrire et de nommer les espèces s'est taillé des classifications à sa mesure anthropocentrique. Nul doute que si c'était un pigeon qui écrivait ces lignes, la place des mammifères comme de l'Homme serait bien plus modeste, et avec de bons arguments au regard de la biodiversité des oiseaux comme de leurs illustres ancêtres. Mais la réalité est tout autre : l'Homme, par son activité, provoque une extinction des espèces à un rythme cent à mille fois plus grand que lors des cinq autres extinctions. C'est la « sixième extinction ».

Dans son acception première, le terme de biodiversité décrit le nombre d'espèces vivantes, que ce soit au niveau local pour un biotope limité ou à l'échelle mondiale[4]. Cela pose la question de savoir ce qu'est une espèce. Et c'est là que les choses se compliquent.

Les biologistes qui s'occupent des espèces vivantes – les néontologistes – utilisent le concept d'« espèce biologique ». Appartiennent à une même espèce des individus qui peuvent potentiellement se reproduire entre eux. C'est le critère dit d'interfécondité, critère qui n'est simple qu'en apparence du fait du « potentiellement ». En effet, des populations occupant des régions géographiques voisines peuvent être en partie isolées génétiquement, ce qui implique qu'il existe des individus hybrides et non stériles dans la zone qui les sépare. Ils rencontrent des difficultés pour se reproduire d'un côté ou de l'autre pour diverses raisons : c'est le cas par exemple des babouins de savane (*Papio anubis*) et des babouins hamadryas (*Papio hamadryas*) en Afrique de l'Est. Dans ce cas, on parle de « para-espèce ».

Autre situation très courante : celle de populations dont la répartition géographique est fragmentée, comme les grenouilles ou les batraciens concentrés dans des mares plus ou moins proches. Certains individus arrivent à passer d'une mare à l'autre, ce qui préserve les flux génétiques entre ces populations. On parle alors de « méta-espèce ». Ces deux cas se distinguent de celui des ânes et des chevaux. Ceux-ci peuvent en effet se reproduire entre eux, mais ils donnent alors des hybrides stériles incapables de se reproduire. Autre

---

4. Voir notamment Edward O. Wilson, *La Diversité de la vie*, Odile Jacob, 1993.

cas plus délicat et qui fait intervenir le temps : des populations issues d'une même espèce ancestrale peuvent se retrouver isolées les unes des autres pour diverses raisons, comme l'apparition d'une barrière géographique. Il y a alors rupture de flux génétique mais, comme ces populations ne sont pas en compétition, aucune barrière de reproduction n'apparaît (nombre de chromosomes, habitudes dans les activités, différences comportementales, etc.). Des différences se manifestent forcément, qu'elles soient adaptatives (sélection naturelle) ou non (dérive génétique). Dans des conditions disons normales, les individus appartenant à ces populations n'ont aucune chance de se rencontrer. Mais si on les met en présence, comme le font les hommes, ils peuvent se reproduire, dans des parcs zoologiques par exemple. On parle alors d'« espèces géographiques ».

On l'aura compris, les espèces regroupent des populations d'individus tous différents les uns des autres et elles ne sont pas fixes. Voilà qui traduit la dynamique complexe propre à l'évolution. Et c'est à Charles Darwin qu'on doit d'avoir compris cette propriété fondamentale de la vie : la variabilité. Les populations comme les espèces sont des collections d'individus capables ou plus ou moins susceptibles de se reproduire entre eux. Cette variabilité intervient au niveau génétique, individuel, populationnel, spécifique et écologique. Si le concept de biodiversité dans son acception la plus simple et la plus opératoire décrit le nombre d'espèces, la nature même de l'évolution oblige donc à toujours regarder ce que cela signifie en termes de variabilité, depuis les gènes jusqu'au niveau des systèmes écologiques. Voilà qui conduit à réviser l'image naïve que nous avons longtemps eue de notre place dans la nature comme au sein de l'évolution.

Quelques précisions toutefois avant d'en venir à l'histoire des primates. De nombreux auteurs soutiennent que le concept d'espèce est une invention artificielle qui ne recouvre aucune réalité biologique. On parle alors d'« espèce nominaliste ». Voilà qui rappelle le texte de la Genèse, où Dieu dit à Adam qu'il lui appartient de nommer les animaux, acte de création considérable s'il en est. C'est oublier celui du Déluge, dans lequel Dieu recommande à Noé d'embarquer un couple de chaque espèce. Ces espèces sont fixes car créées. Dans la tradition des monothéismes comme dans la pensée grecque héritée de Platon et d'Aristote, les espèces correspondent à des idées, des essences.

Si on se place dans une perspective anthropologique universelle, toutes les populations humaines, quelles que soient leurs cultures, leurs langues, leurs cosmogonies, reconnaissent des espèces distinctes. Les collections de nos muséums d'histoire naturelle doivent plus aux guides indigènes qu'à nos naturalistes les plus chevronnés, aujourd'hui comme hier. Parfois, ces espèces ont été définies à partir de quelques individus, parfois un seul spécimen[5]. On parle

---

5. Si on s'intéresse aux tigres, on lit couramment qu'il existe ou qu'il a existé, il y a encore un demi-siècle, pas moins de huit sous-espèces. Chacune était décrite à partir d'un ou de quelques spécimens types, du Bengale, de Java, de Sumatra, de Sibérie, d'Iran, etc. Les études

alors d'« espèce typologique ». Mais ce « type d'espèce » en quelque sorte, parce qu'il ne prend pas en compte la variabilité, n'est plus utilisé par les néontologistes.

Toutefois, ils n'ont d'autre choix que d'utiliser le concept d'espèce typologique lorsqu'ils sont face à un fossile représentatif, le plus souvent fragmentaire, appelé « holotype ». Les autres pièces fossiles constituent le « paratype ». Quand on envisage la biodiversité dans le passé, on dispose de peu d'indications, si ce n'est aucune, sur la variabilité ; on s'appuie alors sur des collections d'espèces typologiques. Nantis de ces précisions, allons à la découverte d'une histoire aussi fascinante que méconnue : l'évolution des primates.

L'évolution des primates et des singes[6]

De nos jours, l'ordre zoologique auquel appartient l'Homme comprend environ deux cents espèces. C'est un groupe de mammifères adapté à la vie dans les arbres. Sans entrer dans les détails, ils se distinguent des autres mammi-

---

récentes sur la variabilité génétique reconnaissent deux espèces. Voir Pascal Picq et François Savigny, *Les Tigres*, Odile Jacob, 2004.
6. Pour une présentation plus complète, voir Herbert Thomas et Pascal Picq, *Aux origines de l'humanité*, I, Pascal Picq et Yves Coppens, *op. cit.*

fères par la présence de cinq doigts aux extrémités des membres (caractère archaïque), tous terminés par des ongles (caractère dérivé). Le premier d'entre eux est plus court, plus puissant et préhensible (caractère dérivé). L'os du talon ou calcaneum est allongé, ce qui assure un bras levier au tendon d'Achille, favorisant des propulsions puissantes. Les membres postérieurs sont plus longs (sauf chez les brachiateurs) et le centre de gravité se situe près du bassin. Le cerveau est relativement développé et domine un massif facial plus ou moins en retrait. Les orbites et les yeux convergent de part et d'autre de la racine du nez. L'orbite est fermée latéralement par une barre osseuse parfois complétée d'une paroi (chez les singes). Ils possèdent un nombre assez important de dents, toutes accolées les unes aux autres (caractère archaïque). Ces dents se regroupent en champs spécialisés dont les fonctions sont très différentes : antérieures, canines et postcanines (caractères dérivés). C'est sur la base de ces caractères que l'on identifie un primate fossile.

Plus largement, les primates appartiennent à un groupe de mammifères inféodés à la vie dans les arbres qui sont apparus à la fin de l'ère secondaire, les Archonta. Le fossile *Purgatorius*, âgé de plus 65 millions d'années, est le plus ancien représentant connu. Quant aux primates au sens strict, ils sont apparus au tout début de l'ère tertiaire, au Paléocène, quand les arbres à fleurs et à fruits se sont étendus sur presque toute la Terre.

L'histoire évolutive des primates et des singes est l'un des plus beaux exemples de coévolution. La « coévolution » signifie que les espèces évoluent en rapport avec les autres, au sein de leur communauté écologique, en raison des liens complexes entre nourriture, parasites, prédateurs, compétition intra- et interspécifique, etc. Les arbres à fleurs et à fruits, les angiospermes, déploient leur formidable biodiversité grâce aux insectes qui pollinisent les fleurs et aussi grâce aux oiseaux et surtout aux singes qui dispersent les graines et les noyaux. En retour, les singes se diversifient en fonction de leurs préférences alimentaires, notamment en raison de la compétition entre les diverses populations. Les arbres se diversifient aussi en rapport avec leurs différents types de consommateurs, favorisant aussi leur diversité. Cette compétition s'apprécie dans la diversité des formes de fruits, ainsi que par leur couleur, leur concentration en sucre, etc. Le noyau de certains fruits ne germe qu'après passage dans le système digestif des singes qui, quant à eux, favorisent la reproduction de leurs espèces d'arbres préférées. Le goût pour le sucre vient de là. Inversement, les arbres « se protègent » contre les insectes qui dévastent leur feuillage. La sélection conduit à la synthèse de produits chimiques secondaires toxiques (alcaloïdes, tanins, strychnines, etc.) Les singes mangeurs de feuilles s'adaptent en retour, moyennant diverses stratégies pour éviter les empoisonnements. Les fruits et surtout les insectes représentent aussi une ressource alimentaire pour les oiseaux. Voilà ce qu'est la coévolution[7].

---

7. Voir C.-M. Hladick et P. Picq, *Aux origines de l'humanité*, II, Pascal Picq et Yves Coppens, *op. cit.*

Aujourd'hui comme hier, on trouve la plus grande bio-diversité dans les milieux forestiers chauds et humides. Mais ils sont peu propices à la conservation des organismes, autrement dit à la fossilisation. Malgré cela, les primates se révèlent comme un ordre ayant toujours connu une belle biodiversité. Alors que les premiers ordres de mammifères de l'ère tertiaire ont connu un déclin avec l'expansion des groupes actuels, seuls les primates semblent établis fermement dans le monde des arbres, dont ils ont exclu les autres mammifères à de rares exceptions près (paresseux, écureuils volants). Mais quelles ont été les évolutions au sein des primates ?

Le Paléogène est la première partie de l'ère tertiaire, entre 65 et 35 millions d'années. À cette époque dominent les Plésiadapiformes, puis les Omomyiformes et les Adapiformes, répandus surtout en Amérique du Nord, en Europe et à un degré moindre en Asie et en Afrique. Les représentants actuels de ces lignées sont les lémuriens de Madagascar, les loris et les rares ayes-ayes, tarsiers et autres souris lémuriennes. Les singes ou anthropoïdes au sens strict apparaissent vers 40 millions d'années en Afrique et en Asie, mais ils semblent moins diversifiés que ces autres groupes[8].

---

8. On qualifie encore ces autres groupes de prosimiens ou présinges ; une expression fallacieuse car simiens et prosimiens sont contemporains depuis plus de 40 millions d'années. Les simiens comme les prosimiens d'hier ne sont pas ceux d'aujourd'hui. Seules leurs bio-diversités relatives ont considérablement changé.

Des changements considérables interviennent vers 32 millions d'années : c'est la « Grande Coupure ». Les lignées de mammifères archaïques s'étiolent pour laisser la place aux lignées modernes. Les températures mondiales chutent dramatiquement. Alors qu'elles culminaient à plus de 20 °C, elles baissent de moitié. Cet événement global est la conséquence de la formation de la calotte polaire antarctique avec son cortège de perturbations dans les circulations atmosphérique et océanique.

La sanction pour les primates est leur disparition de l'Amérique du Nord et des latitudes hors de la bande des Tropiques. C'est en Afrique qu'apparaissent les singes ou simiiformes modernes. En termes de biodiversité, ils dominent les autres lignées de primates. Toutes les lignées actuelles de singes s'enracinent dans ce groupe des singes du Fayoum en Égypte et de Taqah en Oman. Parmi eux, on trouve les ancêtres des singes d'Amérique du Sud – les Platyrrhiniens ou « singes aux narines écartées » – et ceux dit de l'Ancien Monde – les Catarrhiniens ou « singes à narines rapprochées » d'Afrique, d'Asie et d'Europe. Il faut compter avec des lignées désormais éteintes, comme les Oligopithécidés, les Parapithécidés, les Propliopithécidés et autres Amphipithécidés. Après la Grande Coupure, on assiste au déploiement ou radiation des groupes cités et ce n'est qu'à partir du Miocène, entre 25 et 15 millions d'années, qu'apparaissent et s'épanouissent les deux super-familles actuelles des Catarrhiniens : les Cercopithécoïdes et les Hominoïdes.

Ordre des Primates : environ 200 espèces

I – **Strepsirhiniens** (ou primates avec une truffe) : **35** espèces (lémurs, indris, pottos, ayes-ayes, propithèques, loris, etc.)

II – **Haplorhiniens** (ou primates avec un nez)[9]

2-1 – **Platyrrhiniens** (singes à narines écartées ou singes d'Amérique du Sud) : **51** espèces

– **Cébidés** : **30** espèces (singes hurleurs, sakis, singes araignées, sapajous, singes de nuit, titis, etc.)

– **Callithricidés** : **21** espèces (tamarins, pinchés, ouistitis, singes lions, etc.)

2-2 – **Catarrhiniens** (singes à narines rapprochées ou singes de l'Ancien monde, Afrique, Europe, Asie) : **122** espèces

2-2-1 – **Cercopitécoïdes** (singes à queue)

– **Colobidés** : **37** espèces (colobes, entelles, rhinopti-thèques)

– **Cercopithécidés** : **45** espèces (babouins, macaques, cercocèbes cercopithèques, vervets, etc.)

2-2-2 – **Hominoïdes** (singes sans queue)

– **Hylobatidés** : **9** espèces (gibbons, siamangs)

– **Pongidés** : **2** espèces (orangs-outangs)

---

9. Manquent ici les tarsiers, soit trois espèces descendant des Omomyiformes, qui se rangent classiquement chez les Prosimiens ou avec les Haplorhiniens selon la classification moderne car ils possèdent un nez tout comme nous.

- **Hominidés** : 7 espèces (chimpanzés, gorilles, homme)

Le groupe dominant actuel, en nombre d'espèces, est incontestablement celui des cercopithécoïdes : les macaques, les babouins, les vervets, les colobes, les entelles, les cercocèbes, etc. Nous sommes sur la planète des singes à queue. Pierre Boule, dans son roman adapté plusieurs fois au cinéma, décrit la revanche des grands singes – orangs-outangs, chimpanzés et gorilles – sur les hommes, leurs anciens oppresseurs[10]. Qui aurait imaginé un scénario encore plus inconcevable : celui de la domination de babouins et des macaques ? Pourtant, c'est ce qui s'est passé.

La fabuleuse histoire des hominoïdes

Intéressons-nous aux seuls singes de l'Ancien Monde, les Catarrhiniens. Le Miocène, une longue période de l'ère tertiaire comprise entre 23 et 5 millions d'années, a été l'âge d'or des hominoïdes. Tout commence en Afrique entre 25 et 17 millions d'années, au Miocène inférieur. Notre superfamille est représentée par environ une centaine d'espèces fossiles, biodiversité comparable à celle de

---

10. Pierre Boule, *La Planète des singes*, Pocket, 2001.

tous les singes actuels de l'Ancien Monde. Ils occupent toutes les niches écologiques avec un éventail de tailles corporelles de quelques kilogrammes à presque cent selon les espèces. Ils se nomment *Micropithecus* (3 kg), *Dendropithecus* (9 kg), *Kalepithecus* (5 kg), *Nyanzapithecus* (10 kg), *Rangwapithecus* (15 kg) *Simiolus* (7 kg), *Limnopithecus* (6 kg), *Afropithecus* (50 kg), *Morotopithecus* (40 kg), *Turkanapithecus* (10 kg), *Proconsul* (30 à 80 kg selon les espèces), etc. À quelques exceptions près, tous sont quadrupèdes et nantis d'une queue. Comme toujours dans l'évolution, ce sont les exceptions les plus intéressantes. Les espèces les plus corpulentes, comme les proconsuls représentés par quatre espèces, sont dépourvues de queue et attestent de mœurs plus terrestres. Le célèbre *Morotopithecus* semble déjà apte à la suspension. À plus d'un titre, les proconsuls et les morotopithèques annoncent les grands singes actuels. Voilà le tableau de famille surprenant de notre lignée, celle des hominoïdes, qui domine presque sans partage le monde des forêts. Le seul ancêtre avéré des singes à queue actuels, les Cercopithécoïdes, est le *Victoriapithecus*, bien isolé dans ce monde d'hominoïdes.

Tout va pour le mieux dans le monde des hominoïdes jusqu'au milieu du Miocène, vers 17 millions d'années. C'est alors que l'Afrique, qui poursuit sa dérive vers le nord, se relie à l'Eurasie avec l'émersion du Proche et du Moyen-Orient. Auparavant une mer épicontinentale, la Téthys, séparait l'Afrique du reste de l'Ancien Monde. La fragmentation de cette mer, dont il ne reste que la Méditerranée, la mer Morte et la mer d'Aral, établit un pont terrestre. Cela va encore mieux pour les hominoïdes qui s'étendent en Europe et en Asie.

En Europe, leurs descendants du Miocène moyen et final deviennent les *Anapithecus, Pliopithecus, Plesiopithecus, Griphopithecus, Graecopithecus, Ouranotpithecus, Oreopithecus* et le tout dernier annoncé *Pierrolapithecus* d'Espagne. Le fait que l'on décrive encore de nouvelles formes suggère que l'on n'a pas fini d'embrasser leur biodiversité. La plupart de ces genres regroupent plusieurs espèces. Tous présentent des aptitudes à la suspension. Les plus graciles évoquent, d'une certaine façon, les gibbons actuels, dont ils sont les ancêtres. D'autres se rapprochent plus des grands singes africains actuels, comme les ouranopithèques de Macédoine. Le plus fascinant est sans aucun doute l'oréopithèque connu en Italie. Si la longueur de ses bras trahit une grande aptitude à la suspension, son bassin et son fémur attestent une aptitude à la bipédie. C'est pourquoi on voyait en lui un bon ancêtre de la lignée humaine au début des années 1950. Seulement, ses membres supérieurs et surtout ses caractères crâniens le renvoient du côté de la lignée des gibbons. Ainsi, la lignée des hominoïdes européens livre une biodiversité de plus de vingt espèces, plus que celle de tous les hominoïdes actuels !

Tous disparaîtront des terres européennes vers 6 millions d'années. L'Afrique, prise d'une secousse tectonique, bascule avec pour conséquence de fermer le détroit de Gibraltar. Le bassin méditerranéen, déficitaire, s'assèche avec les conséquences qu'on imagine sur l'environnement et les hominoïdes.

Une autre lignée d'hominoïdes s'étend au sud de l'Asie. Certains, comme les *Pliopithecus*, étaient présents en Europe. Ces derniers, comme leur représentant asiatique le plus récent, le *Laccopithecus,* ont été considérés comme les ancêtres des gibbons et des siamangs actuels, ce qui ne fait pas l'unanimité chez les paléontologues. Plus proches des grands singes actuels, on trouve les *Ankarapithecus, Lufeng-pithecus, Sivapithecus* et les *Gigantopithecus.* Ce dernier, disparu il y a moins de 200 000 ans, n'est autre qu'un placide orang-outang géant mangeur de bambous[11]. Les sivapi-thèques sont les ancêtres des gigantopithèques et aussi des orangs-outangs actuels, dont il ne reste que deux espèces, l'une à Sumatra, l'autre à Bornéo. Pourquoi un tel déclin ?

Les hominoïdes sont très dépendants des milieux fores-tiers. Avec l'arrivée des âges glaciaires autour de 3 millions d'années, les forêts subissent des effets de plus en plus mar-qués. L'accentuation des phases de régression et d'expan-sion joue au désavantage des hominoïdes et surtout à l'avantage des cercopithécoïdes, en pleine expansion. Les hominoïdes asiatiques survivent dans les forêts chaudes et humides de la bande des Tropiques pour se retrouver dans les ultimes refuges de Sumatra (*Pongo abelii*) et de Bornéo

---

11. La légende du Yéti ou du Migou vient certainement de là, bien qu'il y ait de telles légendes ailleurs dans le monde sans qu'on ait jamais trouvé trace du moindre grand singe fossile.

(*Pongo pygmaeus*). Face à l'expansion des macaques – une vingtaine d'espèces de nos jours –, les derniers hominoïdes asiatiques se sont adaptés à des niches écologiques associées à de grandes tailles corporelles.

Alors que les hominoïdes s'éteignent en Europe et connaissent leur déclin en Asie, la lignée africaine connaît un tout autre destin. En fait, on sait très peu de choses sur l'histoire de cette lignée entre 14 et 7 millions d'années. On ne connaît que quelques fossiles fragmentaires comme *Otavipithecus*, *Heliopithecus* ou *Samburupithecus*. Leurs relations avec les grands singes africains actuels sont loin d'être claires, si ce n'est *Samburupithecus*, qui est considéré comme un ancêtre possible des gorilles. Ces quelques fossiles ont été mis au jour récemment. Avant qu'on ne les découvre, l'absence d'hominoïdes fossiles en Afrique, alors qu'ils étaient si abondants auparavant, plaidait pour un scénario dit du « ticket aller et retour ». Alors que les premiers hominoïdes se diversifient d'abord en Afrique entre 23 et 14 millions d'années, ils migrent en Eurasie où ils se déploient. On suppose que la bande forestière propice à leurs aptitudes adaptatives se serait déplacée vers le nord. On évoque plusieurs hypothèses, comme une bascule de l'axe des pôles ou un déplacement latitudinal de la bande des Tropiques. Quoi qu'il en soit, les hominoïdes disparaissent d'Afrique équatoriale entre 14 et 8 millions d'années. Puis, sous la pression de changements climatiques plus récents, certaines lignées proches d'*Ouranopithecus* et d'*Ankarapithecus* auraient émigré en Afrique pour faire souche à la lignée des grands singes africains actuels, qui inclut celle des hommes. Les fossiles d'*Otavipithecus* et d'*Heliopithecus* n'invalident pas ce scénario. On les a trouvés en Afrique australe, et il est possible que cette région ait constitué un refuge forestier, alors que toute la partie centrale du continent aurait été peu favorable aux hominoïdes. Quoi qu'il en soit, une autre histoire débute vers 7 millions d'années, celle de la lignée des hominidés[12].

La séparation entre les lignées des gorilles, des chimpanzés et des hommes actuels a eu lieu entre 9 et 6 millions d'années. Il est possible que celle des gorilles se soit détachée en premier, aux alentours de 10 ou 9 millions d'années. Un peu plus tard, les chimpanzés se sont écartés de notre lignée, ce qui suscite bien des controverses. Trois fossiles se disputent en effet l'insigne honneur d'être le premier représentant de la lignée humaine : *Sahelanthropus* ou Toumaï du Tchad, dont l'âge est estimé de 7 millions d'années, *Orrorin* du Kenya, daté de 6 millions d'années, et *Ardipithecus* d'Éthiopie, entre 5,7 et 4,5 millions d'années. Si ce dernier semble plus proche de la lignée des chimpanzés, rien n'est tranché entre les deux autres prétendants, même si Toumaï semble près de nos origines. En tout cas, cela fait déjà trois hominidés. Après eux, on ne connaît presque rien de l'évolution des gorilles et des chimpanzés représentés actuellement par quatre espèces : les gorilles de l'Ouest (*Gorilla gorilla*) et les

---

12. Pour plus de développements, voir Pascal Picq, *Au commencement était l'homme, op. cit.*

gorilles de l'Est, dont ceux des montagnes (*Gorilla beringei*) ; les chimpanzés robustes *Pan troglodytes,* qui comptent pas moins de trois sous-espèces, et les chimpanzés graciles *Pan paniscus*. Avec l'Homme actuel, cela fait cinq grands hominoïdes africains. Pour ce qui est de la biodiversité, c'est mieux que pour les autres lignées, mais moins bien que jadis.

S'il reste actuellement des chimpanzés et des gorilles, on ignore leur évolution. Comme leurs lignées se sont scindées entre 9 et 6 millions d'années, elles ont forcément eu des ancêtres. Alors pourquoi une telle absence de fossiles ? Simplement parce que les sols des habitats forestiers, là où vivent ces grands singes et leurs ancêtres, sont acides et donc défavorables à la fossilisation. Il est difficile d'estimer le nombre de ces ancêtres. Cependant, on sait que l'immense forêt tropicale qui s'étend du bassin du Congo à l'Afrique occidentale a connu des phases d'expansion et de fragmentation ou de régression imposées par les glaciations. Ce régime est propice à l'apparition de nouvelles espèces par dérive génétique, mais il a aussi pu jouer sur la biodiversité de ces grands singes, comme pour la lignée des orangs-outangs en Asie. Cette fois, les concurrents parmi les cercopithécoïdes seraient les babouins. Cependant, l'analogie a ses limites car, si en Asie les macaques occupent toutes les niches écologiques de singes frugivores arboricoles de taille moyenne, ce rôle est dévolu aux cercocèbes et aux cercopithèques en Afrique, plus petits en moyenne que les macaques. Quant aux babouins forestiers, les mandrills et les drills, ils ont des mœurs plus terrestres. Dans certaines régions encore préservées d'Afrique occidentale, on observe des communautés écologiques comprenant tous ces singes et ces grands singes. Il semblerait que les hominoïdes africains arboricoles aient pu se maintenir, ce qui reste une hypothèse en l'absence de données fossiles.

On suit mieux l'histoire de la lignée humaine, notamment grâce aux nombreux fossiles retrouvés en Afrique de l'Est et du Sud. Les australopithèques sont connus par au moins cinq espèces : trois en Afrique de l'Est (*Australopithecus afarensis*, *Australopithecus amamensis* et *Kenyanthropus platyops*) ; peut-être deux en Afrique du Sud (*Australopithecus africanus*) et une forme encore incertaine (*Australopithecus sp.*) et une autre en Afrique centrale (*Australopithecus bahrelghazali*). Quatre d'entre eux ont été mis au jour au cours des onze dernières années ! Ce qui signifie qu'on n'est certainement pas arrivé au bout de nos surprises. Autrement dit, notre lignée connaît une radiation adaptative importante entre 4 et 3 millions d'années sur le continent africain. Ils s'imposent dans des biotopes en marge des forêts et des savanes arborées. Voilà pour le premier âge d'or connu de notre lignée.

Des changements climatiques importants se sont manifestés entre 3 et 2,5 millions d'années. Certaines lignées d'australopithèques s'éteignent alors, d'autres se déploient tandis que l'environnement devient globalement plus ouvert et plus sec. C'est l'époque des *Paranthropus* ou australopithèques robustes, descendants des australopithèques de l'Afar et d'Afrique australe, et des « premiers hommes » au statut humain encore très discuté, les *Homo habi-*

lis et les *Homo rudolfensis*. Cela fait pas moins de quatre espèces auxquelles s'ajoutent les premiers vrais hommes vers 2 millions d'années, les *Homo ergaster*. C'est le deuxième âge d'or de notre lignée.

À ce stade s'amorce un déclin comparable à celui des hominoïdes asiatiques, mais cette fois en marge des forêts et des savanes arborées. Plusieurs branches de notre lignée s'éteignent à jamais entre 1,5 et 1 million d'années, alors que les babouins entament leur expansion. L'avenir de notre lignée repose dès lors sur le seul genre *Homo*. *Homo ergaster* est le premier hominidé qui, grâce à sa taille corporelle et à ses capacités d'innovations techniques, s'est affranchi d'une dépendance avec le monde des arbres. Alors commence une autre aventure, l'expansion du genre *Homo* en Eurasie. Paradoxe : alors qu'une seule branche se déploie sur trois continents, toutes les autres s'éteignent en Afrique.

Les cercopithécoïdes se diversifient dans le cadre du déclin des hominidés. Alors que les ancêtres des chimpanzés et des gorilles sont en concurrence avec les cercocèbes et les cercopithèques, une trentaine d'espèces, notre lignée a fort à faire avec les babouins au sens large[13]. Car, même parmi eux, on note des groupes qui prennent le pas sur les autres. Ainsi les théropithèques, des cousins des babouins adaptés à

---

13. Dans ce texte, j'évoque les cercopithécidés, la famille des cercopithécoïdes qui comprend les babouins, les macaques, les cercocèbes et les cercopithèques, singes frugivores en concurrence avec les hominoïdes. Il y aurait aussi les Colobidés, le groupe des cercopithecoïdes aussi très florissant des singes folivores comme les colobes et les entelles.

la vie dans les savanes ouvertes, connus par plusieurs espèces à l'époque des australopithèques et dont il ne reste plus de nos jours que les géladas des hauts plateaux d'Éthiopie.

La lignée humaine connaît un ultime succès vers la fin des âges glaciaires avec pas moins de quatre espèces d'hommes réparties en Afrique, en Europe et en Asie : les hommes de Neandertal ou *Homo neanderthalensis* au nord en Europe et en Asie occidentale et centrale ; les *Homo sapiens* au sud en Afrique et en Asie méridionale ; les *Homo erectus* au sens strict en Asie continentale ; les *Homo soloensis* à Java et les petits hommes de Florès, *Homo floresiensis*. C'est alors qu'émerge l'Homme moderne, *Homo sapiens sapiens*. Parti d'Afrique et du Proche-Orient, il se mélange avec les autres populations d'*Homo sapiens* plus archaïques, mais finit par prendre la place de tous les autres hommes. Deuxième paradoxe, alors que l'Homme moderne se répand sur toute la Terre à pied et en bateau, atteignant l'Australie il y a plus de 50 000 ans et les Amériques, il y a plus de 30 000 ans, c'est la fin de la diversité du genre *Homo*. Commence alors la première phase de la « sixième extinction ».

La sixième extinction

L'expansion récente des populations de notre espèce ne répond pas à un programme de conquête. Notre espèce se trouve en concurrence avec les autres hommes qui ont fini par disparaître. Des conflits ont certainement eu lieu, mais ce phénomène ne s'apparente en rien à la conquête des Amériques par les Européens ou aux hordes mongoles ravageant l'Asie et l'Europe.

L'expansion des populations d'hommes modernes correspond aussi à l'extinction des grandes faunes de mammifères, ce qu'on appelle des mégafaunes. Les grands mammifères marsupiaux d'Australie, les grands mammifères d'Amérique du Nord et bientôt les grands mammifères d'Eurasie des derniers épisodes glaciaires. Même s'il y a controverse sur l'intensité du rôle de l'Homme dans la disparition de ces mégafaunes, il est indéniable qu'il y a participé.

Après la dernière glaciation débute la période climatique interglaciaire dans laquelle nous sommes encore. Diverses régions bénéficient de conditions environnementales très favorables avec une riche biodiversité de plantes et de faunes. Au Proche-Orient, dans la vallée de l'Indus, en Chine méridionale, en Amérique centrale, en Nouvelle-Guinée, des populations se sédentarisent et, au fil des siècles, inventent l'agriculture.

Les agriculteurs sélectionnent des variétés qui les intéressent parmi les plantes et les animaux domestiqués. Les agriculteurs opèrent deux effets opposés sur la biodiversité globale : ils accroissent la biodiversité intraspécifique des espèces domestiquées en créant une multitude de variétés de graminées, d'arbres fruitiers, de légumineux et d'animaux (canins, ovins, bovins, équins, camélidés, oiseaux, etc.) ; ils finissent par réduire la biodiversité sauvage (biodiversité interspécifique) en raison des nuisances dont ils peuvent être les causes. Ce dernier phénomène est assez récent et prend son ampleur dévastatrice au cours des derniers siècles pour connaître une accélération sans précédent depuis un demi-siècle. La pression démographique, le besoin de nouvelles terres arables par suite de l'épuisement des sols dû à des pratiques dévastatrices finissent par réduire comme peau de chagrin les derniers refuges des faunes sauvages qui, pour se nourrir ou tout simplement se déplacer, se retrouvent dans les jardins et les champs des agriculteurs : les tigres en Asie, les chimpanzés et les babouins en Afrique, les loups en Europe, les ours en Amérique du Nord, etc.

Mais les ravages causés par les hommes ne sont pas dictés par la seule nécessité. Le dernier aurochs est abattu dans une forêt de Pologne en 1617, car cet animal fabuleux était considéré comme le plus bel exploit cynégétique. Les bisons d'Amérique du Nord sont exterminés pour affamer les Amérindiens. Les tigres ont frôlé l'extinction dans les années 1960 pour les mêmes raisons. Ceux qui commettent ces « exploits » s'en vantent et sont glorifiés, comme le triste Buffalo Bill et d'autres « grands chasseurs ». Combien encore de nos jours rêvent d'abattre le dernier éléphant, le dernier rhinocéros, le dernier lion ?

Les grandes navigations causeront aussi leurs ravages lorsque les équipages des bateaux européens font escale sur des îles pour piller leurs ressources : les dodos de l'île Maurice, les tortues géantes des Galápagos et d'ailleurs, les mammifères marins du détroit de Béring, etc. En quelques siècles,

les hommes ont dramatiquement porté atteinte à la biodiversité. Certaines pratiques sont franchement condamnables ; d'autres, qui n'avaient pas auparavant d'effet important, car elles ne dépassaient pas les taux de renouvellement naturel, le sont devenues en raison de leur intensité croissante. La situation la plus inquiétante actuellement est celle de la pêche, l'épuisement des ressources halieutiques naturelles conduisant à des prises de poissons de plus en plus petits ou obligeant à exploiter les fonds marins où le taux de reproduction de ces espèces est très lent. Ces atteintes à la biodiversité naturelle sont parfois irrémédiables. L'Homme détruit donc la biodiversité interspécifique mais, depuis quelques dizaines d'années, il en fait de même pour la biodiversité intraspécifique des espèces domestiques, notamment sous la pression de l'invasion des OGM. Actuellement, 70 % de l'alimentation végétale de l'humanité provient de quatre plantes : le blé, le riz, le maïs et le soja. La question que se pose l'évolutionniste est aujourd'hui celle-ci : en provoquant la « sixième extinction », ne somme-nous pas en train de déclencher la nôtre ?

Pour une éthique de l'évolution et de la biodiversité

L'évolution de l'Homme est toujours présentée sans aucune considération de son influence sur les autres lignées qui lui sont proches. Certes, on a fait un petit pas du côté des chimpanzés, et parfois vers les gorilles et les orangs-outangs, mais sans vraiment se dégager d'une forte tradition anthropocentrique. Au sein de la biologie moderne – moderne car inscrite dans la théorie de l'évolution –, plus aucun chercheur ne peut prétendre étudier l'évolution d'une lignée sans cadre phylogénétique défini et large, autrement dit sans s'intéresser aux autres lignées ou groupes. Et pourtant, on continue à parler, comme je l'ai fait en ouvrant ce paragraphe, d'évolution de l'Homme, comme si elle se ramenait à la survie d'une seule espèce, *Homo sapiens*. D'aucuns peuvent y voir la survie de l'espèce la plus apte, la plus intelligente ou encore l'aboutissement d'un dessein, d'une finalité. Ce genre d'appréciation sort du domaine de la science. Or ce que nous dit la science, c'est que notre évolution se déploie au sein de la lignée des primates moyennant des interactions complexes avec les autres lignées. En l'abordant sous l'angle de la biodiversité relative des groupes les plus proches de nous, on appréhende notre situation actuelle dans une perspective évolutionniste, ce que nous sommes et ce que nous sommes en train de faire.

En replaçant l'évolution de la lignée humaine dans un cadre phylogénétique élargi, on comprend mieux comment nous sommes devenus des hommes. Sans la compétition avec les autres membres de notre famille, comme les australopithèques et les « premiers hommes », sans les babouins, nous n'aurions pas développé certains caractères. On l'a vu, il y a vingt millions d'années, notre superfamille des hominoïdes occupait toutes les niches écologiques avec un large éventail de tailles corporelles. De nos jours, il ne reste que quelques grands singes, dont l'Homme. La confrontation avec les cercopithécoïdes a poussé nos ancêtres à acquérir des adaptations associées à une grande taille corporelle, un cerveau développé, de longues périodes de la vie et des systèmes sociaux complexes. Nous n'avons donc pas acquis des capacités cognitives très développées parce que cela participait d'un dessein intelligent ou d'une quelconque finalité, mais parce que, sans cela, nous n'aurions pas survécu. Du coup, on saisit pourquoi tous les grands singes actuels consacrent tant de temps à l'éducation des jeunes, à la vie en société, à l'usage de multiples outils, à la transmission de connaissances et de savoir-faire qui font la diversité culturelle. Les grands singes actuels, nos frères d'évolution, détiennent une partie des réponses que nous cherchons sur nos origines.

Que nous enseigne l'histoire de la vie ? Depuis les premiers empires bactériens, la biodiversité n'a cessé de se déployer. Après chaque grande extinction, elle s'ouvre à nouveau. L'image de l'arbre de la vie est la plus pertinente : un tronc solide constitué par les bactéries et des branches qui se diversifient, autant de branches correspondant aux grands plans d'organisation : plantes, mollusques, insectes, vertébrés, etc. Certaines branches ont été élaguées à jamais, d'autres en ont profité pour se ramifier[14]. Ce qui

---

14. La description la plus parlante de cette vision non linéaire de l'évolution se trouve dans Stephen Jay Gould, *La Vie est belle*, Le Seuil, coll. « Points », 2004, qui évoque le site de Burgess, où vivaient à une

se passe pour l'ensemble de l'arbre se retrouve aussi dans certaines de ses parties, comme celle des primates. Même si « primate » signifie « premier », notre branche est récente. Toutes ses ramifications sont encore présentes dans la nature actuelle, sauf quelques lignées de singes archaïques. Ce qui a changé, c'est l'ampleur relative de ses branches au cours de notre évolution. L'Homme, aujourd'hui, ne représente qu'une toute petite brindille.

Si on replace l'Homme et les espèces les plus proches de lui dans l'histoire de la vie, on remarque également qu'ils ne représentent qu'une part faible et récente de la biodiversité. Les vertébrés – poissons, oiseaux, reptiles, mammifères – totalisent environ 51 000 espèces, à comparer avec les 1,8 million d'espèces recensées et une biodiversité totale estimée entre 5 et 50 millions d'espèces. Même si, selon les critères retenus, c'est parmi les vertébrés que l'on recense les espèces de plus grande taille, les plus mobiles, les plus « encéphalisées » et les plus sociales, leur poids dans la biodiversité globale, que ce soit dans la nature actuelle comme dans l'historie de la vie, est aussi faible que fragile. Or ce sont les espèces qui nous importent le plus parce que nous en faisons partie et qu'elles participent aussi bien de notre évolution que de notre survie.

époque des créatures dignes de la science-fiction. *Pikaia*, l'ancêtre des vertébrés, a réchappé à l'hécatombe qu'a connue ce lieu. Voir aussi Stephen Jay Gould, *L'Éventail du vivant*, Le Seuil, 1997.

Que fait l'Homme actuellement ? Il élimine les espèces les plus proches de lui en les anéantissant dans l'ordre chronologique inverse de leur apparition au cours de l'évolution. Pire encore, les espèces disparues et celles qui sont menacées sont forcément celles qui ont été répertoriées. L'effet de la « sixième extinction » est là : nous éliminons les espèces les plus proches de nous et les plus connues. Mais nous ignorons les désastres infligés aux millions d'espèces que nous n'avons pas encore décrites. Une chose au moins est certaine : la plus grande partie de l'arbre, si négligée de notre point de vue de vertébrés humains, poursuivra l'évolution comme elle l'a commencée. Quoi que nous en pensions, du point de vue de la vie et de la biodiversité, une espèce ne vaut pas plus qu'une autre, ce qui est très déplaisant d'un point de vue anthropocentrique – exactement comme l'hypothèse du gène égoïste – et inacceptable pour nous tous. C'est la vie !

Récemment, j'ai eu à lire un document édité par le CNRS au sujet de la biodiversité. Dans l'avant-propos, l'un des responsables du département des sciences de la vie se pose cette question : « Au regard des lois de l'évolution, est-il nécessaire de maintenir autant d'espèces ? Pourquoi autant d'espèces existent-elles ? » On connaît l'histoire, celle de Noé, qui doit embarquer dans son Arche les espèces les plus utiles. Outre qu'on serait bien en peine de savoir ce que sont ces lois – il n'existe en effet pas de loi de l'évolution, à proprement parler –, comment pourrait-on connaître les implications de la biodiversité, alors que la définition de ce concept reste imprécise et qu'on n'a pas encore répertorié toute la biodiversité ? Aucune théorie écologique des systèmes vivants ne permet de dire ce que serait le nombre idéal d'espèces, sauf si on dispose d'un plan, d'un dessein. Encore une réminiscence de l'idée philosophique de « nature pleine », chaque espèce demeurant dans sa niche écologique. Retrouver dans un texte aussi important des avatars de l'Arche de Noé et de l'échelle des espèces est plutôt déconcertant.

Plus surprenant encore, ces affirmations péremptoires de généticiens qui prétendent qu'avec les progrès des sciences, on pourra cloner des mammouths. Formidable : un beau mammouth tout poilu qu'on enfermera dans une cage, triste Pokémon génétique. L'enjeu de la biodiversité ne repose pas sur ces prétentions faustiennes, alors qu'on fait disparaître les éléphants. Mêmes propos ahurissants sur les tigres et les grands singes : tant qu'on aura des gènes ou des cellules congelées, tant qu'on conservera des individus dans les parcs zoologiques, la biodiversité sera préservée. Misère des sciences naturelles ! Une espèce n'est pas un tas de gènes, d'os et de chair. Chaque espèce a une histoire qui se joint à la nature à un endroit ou à un autre de l'arbre du vivant. C'est bien ce que nous rappellent les grands singes.

Parmi les sept espèces actuelles de grands singes ayant survécu à l'expansion des singes cercopithécoïdes, toutes sont en danger sauf une : l'Homme. Les six autres, nos frères d'évolution, voient leurs effectifs diminuer comme peau de chagrin. Voici la situation des derniers survivants, sachant que les dernières estimations sont à revoir à la baisse.

– **Asie** : orangs-outangs (*Pongo*)
   Bornéo, *Pongo pygmaeus* : 50 000
   Sumatra, *Pongo abelii* : 7 000

– **Afrique** : gorilles (*Gorilla*)
   Gorilles de l'Est (*Gorilla beringei*) : 4 000 (dont 400 gorilles des montagnes)
   Gorilles de l'Ouest (*Gorilla gorilla*) : 70 000

– **Afrique** : chimpanzés (*Pan*)
   Chimpanzés robustes (*Pan troglodytes*) : 15 000
   Chimpanzés graciles ou bonobos (*Pan paniscus*) : 200 000

Curieux paradoxe de la biodiversité : il y a de plus en plus d'espèces de grands singes, alors qu'ils sont menacés ! Il y a quelques années, on évoquait en effet quatre espèces. Alors, tout va bien ? Justement non. Quand, il y a quelques milliers d'années ou quelques siècles, les populations de grands singes vivaient dans les vastes forêts tropicales, rien ne rompait le flux génétique entre les différentes régions. Il existait moins d'espèces, mais une plus grande biodiversité au niveau génétique entre les populations et entre les habitats. En fait, le nombre d'espèces actuelles résulte de la fragmentation des habitats et de l'isolement génétique. Passant de quatre à six espèces (sans compter les hommes), cet accroissement est comme l'arbre qui cache la forêt ou, en l'occurrence, on voit mieux quelques arbres car il y a moins de forêts.

Cet exemple illustre parfaitement la difficile question de ce qu'est la biodiversité. En fait, mieux vaut moins d'espèces, mais avec des populations nombreuses réparties en continu sur de vastes régions (biogéographie)[15]. Aujourd'hui, les grands singes hominoïdes d'Afrique rassemblent quatre espèces (deux chimpanzés et deux gorilles) ; à côté, les babouins, selon certains auteurs, représenteraient une seule superespèce, mais avec une bien plus grande diversité génétique, écologique, éthologique. Si l'Homme n'était pas de la partie, la grande tendance évolutive décrite dans les pages précédentes se poursuivrait à l'avantage des babouins, la vraie planète des singes (à queue). Hélas, les grands singes sont bien plus menacés par l'un des leurs, celui qui a réussi, l'Homme.

La biodiversité ne se ramène pas un simple jeu comptable, pourtant nécessaire. L'aspect qualitatif est important aussi, quoiqu'il soit encore incompris des naturalistes. Préserver la biodiversité, ce n'est pas comme préserver les spermatozoïdes des taureaux ou des étalons ; c'est maintenir coûte que coûte les écosystèmes naturels (ce qui n'exclut pas les hommes) et les conditions de vie en groupes sociaux de toutes les espèces, celles qui sont répertoriées comme celles qui échappent à notre regard.

Une fois de plus, le cas des grands singes est exemplaire. Les principes énoncés ci-dessus s'appliquent à eux.

---

15. La situation est tout à fait comparable avec les tigres ; voir Pascal Picq et François Savigny, *op. cit.*

Cependant, nous découvrons à peine depuis quelques dizaines d'années l'éventail des comportements qu'ils partagent avec nous : systèmes sociaux, usage d'outils, culture, chasse et partage de nourriture, notions de bien et de mal, aptitudes à la politique, communication symbolique, etc. Bref, ils partagent avec nous les fondements naturels de notre humanité.

J'entends déjà les créationnistes s'exclamer que ce sont des bêtes, que seul l'Homme est à l'image de Dieu. Croyants et ignorants ! J'entends tous ces philosophes de la transcendance, de la finalité et de la liberté, les yeux rivés sur leurs grimoires obsolètes, fustiger les bêtes. J'entends déjà les adeptes du dessein intelligent revendiquer la destinée spirituelle de l'Homme. Navré, ce n'est pas cela l'hominisation... même chez Teilhard de Chardin. L'hominisation, c'est une prise de conscience et elle passe par la connaissance, celle des sciences de la vie portées par la théorie de l'évolution, prise de conscience qui interpelle notre responsabilité envers la Nature et le sens responsable que nous voudrons donner à ce sublime récit de l'évolution. Car, comme nous en avertit le philosophe Christian Godin à propos des grands singes : « Ne sommes-nous pas en train de commettre un crime contre l'humanité ? »

L'histoire évolutive des singes montre que, d'un point de vue scientifique, une lignée n'évolue pas seule, mais avec les autres lignées au sein de communautés écologiques. C'est la coévolution.

Au-delà de la perspective anthropocentrique des grands singes, préserver la biodiversité est avant tout en question d'éthique. Celle-ci se renforce de plusieurs traditions, celle contemplative et admirative des croyants qui louent la beauté de la Création, celle des philosophies ouvertes sur la nature, celle des scientifiques qui ne cessent de s'émerveiller de l'évolution. Je préfère sur ce point la théologie naturelle aux hallucinés technophiles du dessein intelligent. Terminons par l'évolution. Même si on ne peut prédire (au sens du dessein intelligent) ce que sera l'évolution en train de se faire, une certitude : la raison d'être de la biodiversité est la capacité de s'adapter aux changements incessants de l'environnement dans l'espace et dans le temps, et de constituer une réserve du vivant face au changement. La biodiversité, c'est la vie de la planète.

Comment l'homme a modifié le climat

Le 1er novembre 1755, la ville de Lisbonne est détruite par un terrible tremblement de terre[16]. L'effondrement des immeubles entraîne un gigantesque incendie ; les survivants sont contraints de fuir se réfugier sur les bords de

---

16. Jean-Paul Poirier, *Le Tremblement de terre de Lisbonne*, Odile Jacob, 2005.

l'océan. Ils sont alors balayés par le raz-de-marée provoqué par la secousse. Cette catastrophe, qui dépasse les pires scénarios du cinéma du même genre, frappe l'Europe des Lumières. Voltaire s'en inspire pour écrire un court poème philosophique, *Sur le désastre de Lisbonne*. On ne peut plus se contenter d'attribuer de tels drames à des châtiments divins. Il incombe aux hommes de connaître les lois de la nature et, par les sciences, de mieux déterminer leurs effets. Rousseau répond à cela que les tremblements de terre n'ont jamais tué les hommes avant l'invention des cités.

Les débats actuels sur le réchauffement climatique, les effets des activités humaines dans ce processus, tout comme les capacités des sociétés humaines à mettre en place des réponses appropriées, ne datent pas d'aujourd'hui. Grâce aux géologues, on connaît les mécanismes qui provoquent les tremblements de terre et où ils peuvent se produire. Récemment l'un d'entre eux, Claude Allègre, ancien ministre de l'Éducation nationale, a provoqué une secousse tellurique à sa manière en remettant en question dans la presse la réalité du réchauffement climatique et surtout l'impact des activités humaines, si c'est le cas. La réaction de la communauté scientifique a été vive.

Que sait-on de l'évolution des climats depuis qu'il y a des hommes ? Le grand public sait qu'il a existé des âges glaciaires, que les climats ont changé, changent et changeront, mais avec l'impression, d'un côté, que c'était il y a longtemps et que, d'un autre côté, ce n'est pas pour demain la veille. Plus haut dans ce chapitre, à propos de l'évolution des singes au sens large, j'ai évoqué une série d'événements de grande ampleur qui ont affecté les climats au plan à la fois mondial et régional. Certains ont été ponctuels, d'autres réguliers. La question porte sur leur occurrence probable à l'échelle non plus de la préhistoire, qui s'est étendue sur des centaines de milliers d'années pour le genre *Homo*, mais à celle de l'Histoire depuis la fin du dernier âge glaciaire.

Nous vivons actuellement au cœur d'une période interglaciaire qui a débuté il y a dix mille ans. C'est un événement global directement lié à ce qu'on appelle les cycles de Milankovitch. Les effets de ces cycles sont bien connus grâce aux études menées par les paléoclimatologues à partir de sédiments tirés des fonds océaniques et des carottes de glace prélevées dans les glaciers de l'Arctique et de l'Antarctique.

Les cycles de Milankovitch décrivent les variations de la position de la Terre autour du Soleil. Si l'orbite décrite par notre globe dépend principalement de l'attraction exercée par le Soleil, il faut aussi compter avec la Lune et l'influence des autres planètes. Le cycle le plus long concerne la forme de l'orbite (excentricité), qui est plus ou moins circulaire, ce qui affecte la quantité globale de chaleur reçue par la Terre. Il a une double périodicité de 400 000 ans et 100 000 ans. Un autre cycle dépend de l'inclinaison de l'axe des pôles par rapport au plan de l'orbite. L'angle varie entre 21,5° et 24,5° selon une périodicité de 41 000 ans. Plus l'axe de la Terre est incliné, plus les différences de température sont fortes au fil des saisons sous les hautes et les basses latitudes. Actuellement, nous sommes au milieu d'un cycle au cours duquel l'angle de la Terre est de 23, 25 °C. Le cycle le plus court se nomme la « précession des équinoxes ». La Terre tourne autour d'un axe et se comporte comme une toupie, ce qui fait que cet axe pivote suivant un cycle régulier sur sa pointe. Selon l'orientation de cet axe, un hémisphère reçoit plus de radiations solaires que l'autre, notamment au moment des équinoxes d'été et d'hiver. Sa périodicité est de 23 000 ans. Les principales ères glaciaires se calent sur des périodes de 100 000 ans (excentricité de l'ellipse) avec des épisodes plus ou moins intenses correspondant aux deux autres cycles (inclinaison des pôles ; précession des équinoxes). Les paléoclimatologues et tout particulièrement les glaciologues arrivent à suivre les séquences des âges glaciaires jusqu'à 650 000 ans. Il en ressort que le taux moyen de CO_2 se situe autour de 180 ppm (partie par million) lors des périodes froides et de 280 ppm lors des périodes chaudes[17].

La situation actuelle de la Terre par rapport à son étoile est identique à celle qu'elle a connue il y 400 000 ans. En ce temps-là, des populations humaines occupaient l'Afrique, l'Asie et l'Europe. C'était l'époque d'*Homo heidelbergensis* à l'ouest et d'*Homo erectus* à l'est. Bien qu'il soit très difficile d'estimer leur démographie, ils

---

17. Pour plus de détails, voir Jean-Louis Fellous, *Avis de tempête. La nouvelle donne climatique*, Odile Jacob, 2003.

ne devaient pas être plus d'un million au total. Même s'ils construisaient des abris et maîtrisaient le feu, leur activité avait un impact très limité sur l'environnement au sens le plus large. Ce qui a considérablement changé depuis, c'est l'expansion de l'Homme et l'accroissement considérable de sa démographie : la population mondiale compte en effet plus de 6,5 milliards d'individus de nos jours. Et, depuis l'invention de l'agriculture, ses activités ont eu un impact sur l'environnement toujours plus intense. Aujourd'hui, le taux de CO_2 de l'atmosphère est de 380 ppm et ne cesse de croître. Difficile de ne pas y voir une conséquence des activités humaines. On estime que ce taux sera de 500 à 700 ppm selon les mesures prises d'ici à la fin du siècle.

Que l'Homme perturbe l'environnement, cela ne fait aucun doute. Que ses activités puissent avoir un effet crucial sur les climats, c'est l'objet du débat.

Nous sommes actuellement au cœur d'une période interglaciaire. Le climat s'est réchauffé rapidement après le dernier pic glaciaire, particulièrement sévère, il y a 10 000 ans. De la lignée humaine, seul *Homo sapiens* a survécu. Ses populations se sont réparties sur tous les continents et sous toutes les latitudes. C'est la première explosion démographique de l'humanité, estimée à quelques millions d'individus. C'est alors qu'intervient un refroidissement aussi bref que brutal vers 8 200 ans sans corrélation avec les cycles de Milankovitch. D'après des travaux récents, il ressort que ce refroidissement soudain a été dû au réchauffement.

En effet, à la fin du dernier âge glaciaire, d'immenses glaciers continentaux, épais de plusieurs kilomètres, recouvrent le nord du continent américain. La période de réchauffement les fait fondre. D'énormes quantités d'eau douce s'accumulent alors au sud de ces glaciers, pour former sans doute l'un des plus grands lacs d'eau douce ayant jamais existé et dont les vestiges actuels sont les grands lacs américains. La barrière de glace qui contient ce lac au nord finit par se briser. D'énormes quantités d'eau douce se déversent par l'embouchure du Saint-Laurent dans l'Atlantique Nord. Cette eau étant plus légère que celle de la mer, la densité de l'océan Arctique diminue rapidement, ce qui a pour effet de freiner, puis d'arrêter la plongée en profondeur du Gulf Stream[18]. Après la dilution de cette eau, le cycle de la circulation dite « thermohaline[19] » reprend pour ne plus s'interrompre jusqu'à nos jours.

Le climat redevient très chaud avec un pic autour de 6 000 ans. C'est à cette époque que diverses populations humaines, au Proche-Orient, dans la vallée de l'Indus, en

---

18. C'est ce scénario qui a inspiré le film *Le Jour d'après*.
19. Circulation à grande échelle dans l'océan mondial liée à la température et à la salinité des masses d'eau. Les eaux, refroidies et salées, plongent au niveau des hautes latitudes (au large de la Norvège et du Groenland). Elles sont réchauffées dans les Tropiques et remontent alors à la surface, où elles se refroidissent, et ainsi de suite. On estime qu'une molécule d'eau fait le circuit entier en environ mille ans. C'est ce formidable courant, qui traverse et relie tous les océans, qu'on appelle circulation thermohaline.

Chine méridionale, en Amérique centrale et en Nouvelle-Guinée, se sédentarisent et commencent à domestiquer des plantes et des animaux. Ces nouvelles activités favorisent la deuxième expansion démographique de notre espèce, estimée déjà à cinquante millions d'individus vers 5 000 ans alors qu'apparaissent les premières cités et les grandes civilisations avec l'écriture : c'est le début de l'Histoire.

Selon certains chercheurs, les grandes déforestations, l'expansion des rizières en Asie méridionale et l'accroissement du cheptel de ruminants commencent à influer sur la concentration en gaz à effet de serre. La déforestation réduit les capacités d'absorption du CO_2, alors que les rizières en produisent de grandes quantités. Quant aux ruminants, la fermentation de leur système digestif dégage de grandes quantités de méthane. (Les ruminants actuels rejettent entre un quart et un tiers du méthane produit chaque année sur la Terre.) Les glaciologues détectent ces changements dans les carottes de glace.

Ces activités agricoles ont-elles eu un effet sur le climat et, si c'est le cas, depuis quand ? La question est très controversée. En se fondant sur le rythme antérieur des cycles glaciaires, certains chercheurs estiment que la Terre aurait dû connaître une période de refroidissement il y a quelques milliers d'années. Toutefois, l'accumulation déjà sensible de gaz à effet de serre pour les raisons évoquées ci-dessus l'aurait empêché. Les courbes de taux de CO_2 indiquent une concentration en hausse alors que, d'après les cycles naturels antérieurs, elles auraient dû s'infléchir. Ce type d'extrapolation, fondé sur les cycles de Milankovitch, admet des stades interglaciaires d'une durée d'environ 10 000 ans. Des études plus précises indiquent cependant des durées beaucoup plus variables. Dans l'état actuel des connaissances, si l'accumulation de gaz à effet de serre se ressent dans l'atmosphère, il n'est pas démontré que cela a exercé un effet significatif sur l'évolution du climat.

La difficulté réside dans l'absence de modèle stable rendant compte des climats passés, car de nombreux paramètres interviennent. Les éruptions volcaniques perturbent brutalement l'atmosphère et le climat pendant plusieurs années[20]. De grandes éruptions ont eu des conséquences considérables sur notre histoire : le Santorin, le Vésuve, le Krakatoa (1883), le Laki en Islande (1783), la Montagne pelée (1901), le mont Saint-Hélène (1980), etc. C'est ainsi que l'éruption du Tambora dans les îles de la Sonde en 1815 eut des effets sur toute la planète. L'Europe connut l'année suivante une année sans été ; l'atmosphère était chargée de particules qui provoquèrent des crépuscules colorés peints par Turner. C'est l'un des événements volcaniques les plus cataclysmiques depuis 10 000 ans. De même, le grand volcan islandais en 1783 produisit des quantités énormes d'aérosols responsables de la mort de plus de 200 000 personnes en Europe. L'accumulation de poussières dans l'atmosphère eut pour effet d'absorber une partie des rayons solaires, entraînant des étés et des récoltes

---

20. François Ramade, *Des catastrophes naturelles ?*, Dunod, 2006.

catastrophiques. Cette catastrophe n'est certainement pas restée sans effets sur les événements historiques majeurs de la fin du XVIIIe siècle. L'éruption, un siècle plus tard, du Krakatoa dans les îles de la Sonde provoqua une chute de la température moyenne de la Terre de 1 à 2 °C pendant au moins trois ans et de mauvaises récoltes en Amérique du Nord et ailleurs. Plus récemment, l'éruption du mont Saint-Hélène, en 1980, eut aussi des répercussions très sensibles sur le climat mondial. Ces grands déchaînements volcaniques à presque un siècle d'intervalle ont influencé le climat pendant de courtes périodes ; et, quant à leurs effets ou non sur notre histoire, ils s'avèrent très différents. Mais il ne semble pas que ces événements, aussi violents qu'ils aient été, aient changé durablement le climat au cours des derniers siècles comme des derniers millénaires[21].

Il y a les colères de la Terre. Mais il y a aussi les caprices du Soleil. Notre étoile connaît en effet des cycles d'activité qui modifient la quantité de chaleur dont bénéficie notre planète. Ces variations seraient corrélées aux variations climatiques désormais mieux connues de notre histoire récente. L'Europe a ainsi subi un réchauffement climatique important au XIIe siècle avec des températures

---

21. Il en est allé autrement au cours d'autres périodes plus anciennes. Toutes les grandes extinctions au cours de l'histoire de la vie ont été associées à des périodes d'intense volcanisme, comme à la fin de l'ère secondaire. Les dinosaures terrestres ont eu davantage à pâtir du volcanisme débridé du Deccan que de la météorite du Yucatán.

moyennes aussi chaudes que celles que nous avons vécues au cours des dernières décennies. La limite septentrionale des vignobles s'étendait beaucoup plus au nord qu'actuellement. En favorisant la production agricole, ce réchauffement a participé à la montée en puissance de l'économie européenne au Moyen Âge. Les causes de ce réchauffement sont attribuées à une activité solaire plus intense.

Puis, il se produit l'inverse entre 1350 et 1850 : c'est alors le « petit âge glaciaire », cette fois en raison d'une baisse de l'activité solaire. Toute l'imagerie d'Épinal des contes et des histoires évoquant de longs hivers froids et enneigés nous vient de cette période qui couvre la Renaissance et l'âge classique jusqu'à la révolution industrielle.

D'autres travaux postulent l'influence déterminante du rayonnement cosmique sur les nuages et ses effets sur le climat. Leurs auteurs voient là un des facteurs majeurs des changements climatiques à courte échelle de temps, mais leurs modèles sont loin d'être confirmés. Si on revient sur la Terre, des expéditions récentes dans l'Arctique ont mis en évidence des cycles de variations climatiques couvrant une période d'environ 1 500 ans : les cycles de Dansgard-Oeschger. Certains sont associés à des périodes de débâcle glaciaire à la suite de la fragmentation de la calotte polaire, appelées événements de Heinrich, dont les causes sont loin d'être élucidées.

La paléoclimatologie est une science jeune qui est confrontée à une question simple, le réchauffement climatique, mais dont les causes se révèlent très complexes. Alors qu'en est-il de l'influence des activités humaines ? Selon diverses études, nous serions à nouveau dans une période de réchauffement liée à une plus forte activité solaire et qui commence avec l'essor des activités industrielles. Seulement, le taux de CO_2 actuel est de 380 ppm, ce qui est de moitié supérieur aux 280 ppm enregistrées pour les autres périodes connues par le passé, notamment lors du pic de réchauffement du XIIe siècle. Difficile de ne pas y voir une conséquence des activités humaines.

Certaines études dégagent des corrélations entre une diminution soudaine des activités humaines et la baisse du taux de CO_2. La grande peste justinienne du VIe siècle, la peste noire du XIVe siècle, la disparition de 90 % des cinquante millions d'Amérindiens après l'arrivée des Européens au XVe siècle ont entraîné un abandon massif des champs et une réduction dramatique de la production agricole. Mais d'autres facteurs sont certainement intervenus et les discussions techniques sur les méthodes d'analyse adoptées par les diverses équipes de recherche sont nombreuses. Il en ressort au moins une certitude : les activités humaines affectent le climat. Les questions, beaucoup plus complexes et beaucoup plus controversées, sont : depuis quand ? Depuis le néolithique ? Depuis la révolution industrielle ? Quels effets pour les gaz à effet de serre ? Quelles conséquences sur les climats au niveau global et aux différentes échelles régionales ?

Quand la croyance au progrès
devient du fatalisme

Pourquoi évoquer cette question très actuelle du réchauffement climatique dans un livre inscrit dans une perspective plus large, celle de l'évolution ? Parce que les espèces ont dû s'adapter à ces changements climatiques. Elles ont été « forcées » d'évoluer avec des extinctions, des radiations adaptatives, des migrations, etc. Tous les facteurs évoqués dans ces pages sont indépendants de la vie, mais affectent son histoire. Toutes ces contingences font que la vie ne peut avoir de finalité, si ce n'est d'évoluer au gré de ces facteurs. Cependant, pour la première fois dans l'histoire de la vie une espèce arrive à changer le climat par ses activités et en très peu de temps. Auparavant, les bactéries ont modifié l'atmosphère en accumulant de l'oxygène (O_2) pendant des centaines de millions d'années. De même pour l'extension des forêts au cours de la première partie de l'ère tertiaire : elle entraîne une forte accumulation de CO_2. Mais, aujourd'hui, c'est l'Homme qui a un impact, avec une perte estimée de plus de 50 % de la biodiversité d'ici 2050.

Notre avenir s'inscrit ainsi dans le cadre de l'évolution. Les météorites, l'activité solaire, les cycles de Milankovitch, la tectonique des plaques, le volcanisme, les perturbations des courants océaniques agissent sur la biodiversité. N'en déplaise aux créationnistes, nous ne vivons pas dans un monde fixe ; et même si la vie avait un but, n'en déplaise cette fois aux adeptes du dessein intelligent, on imagine difficilement qu'il puisse s'accomplir. En tout cas, c'est une déduction logique des connaissances scientifiques portant sur l'histoire de la Terre et de la vie reconstituée à partir des processus naturels connus. On comprend donc pourquoi les créationnistes en appellent à une entité surnaturelle et pourquoi les adeptes du dessein intelligent postulent une transcendance.

De plus, même si les événements que je viens d'évoquer ne se manifestent pas pendant de longues périodes, les espèces sont toujours en compétition entre elles. La brève restitution, au chapitre précédent, de l'histoire de la biodiversité relative des différentes lignées de singes, dont la nôtre, en propose une des plus belles illustrations, notamment entre les hominoïdes et les cercopithécoïdes. Les évolutionnistes nomment ce processus « la Reine Rouge », d'après *De l'autre côté du miroir*, de Lewis Carroll[22]. Alors qu'Alice peine à avancer en courant de plus en plus vite, le paysage la suit. Elle finit par rencontrer la Reine de Cœur, la Reine Rouge, qui lui dit, pleine de morgue : « Ma fille,

---

22. D'une manière générale, les paléontologues n'apprécient guère ce modèle de la Reine Rouge, qui est difficile à tester avec la documentation fossile. Mais, comme en d'autres temps, ils maintiennent une sorte de tradition « catastrophiste » héritée de Cuvier, Owen et Agassiz et, d'une certaine façon, dans le modèle actuel des équilibres ponctués de Gould et Elredges.

sachez que dans ce pays, il vous faut courir le plus vite possible pour rester à votre place. » La Reine Rouge ruine toute conception providentialiste de la vie : quoi qu'il arrive, la vie continuera toujours à évoluer, comme avant l'apparition de l'Homme, avec ou sans les hommes. Tout l'enjeu du développement durable se situe là.

L'étude de l'évolution de l'Homme, la paléoanthropologie, souligne combien notre histoire évolutive a été marquée par les changements d'environnements et de climats qui affectent la Terre depuis une dizaine de millions d'années. Aujourd'hui, par un retournement inattendu de l'histoire de la vie, l'homme, qui représente une partie infime de la biodiversité, pèse comme jamais par ses activités sur l'évolution du climat et de la biodiversité.

Une prise de conscience mondiale s'est éveillée depuis les années 1970. Des scientifiques et des organisations non gouvernementales nous ont alertés : si les activités industrielles poursuivent leur développement comme auparavant, alors les ressources naturelles de la Terre seront vite épuisées et l'environnement se dégradera de façon dramatique et irréversible. Le concept de développement durable a été défini par la Commission mondiale pour l'environnement, la commission Brundland : c'est *un développement qui répond aux besoins du présent sans compromettre la capacité des générations futures à répondre aux leurs*. Le rapport de cette commission, qui date de 1987, s'intitule *Notre avenir à tous*. La question fondamentale est alors : qui compose ce « tous » ?

Pour les créationnistes, qui s'estiment seuls dans la lumière de leur Créateur, le « tous » se limite à eux. La nature en est exclue et bien évidemment les autres espèces. Pire, ceux qui ne partagent pas la même vérité – les païens, les mécréants, les infidèles, les athées et les agnostiques – ne méritent pas le salut. Les choses d'ici-bas, notre si belle Terre avec sa magnifique biodiversité, ne les intéressent guère. La vie sur la Terre n'est qu'un passage obligé, une sorte d'exil. Toutes les découvertes apportées par les sciences, et notamment celles de la vie, importent peu puisqu'elles n'ont pas été décrites dans les textes sacrés. Tout ce qui existe sur Terre a été créé pour leur besoin par le Créateur. Ils peuvent en disposer comme bon leur semble. Si l'administration Bush n'a pas signé les accords de Kyoto, c'est autant pour préserver ses intérêts immédiats qu'en raison de cette vision du monde qui procure une sorte de justification morale. Même remarque pour l'Australie, qui en paie déjà gravement les conséquences. Si corrélation ne signifie pas raison, en l'occurrence corrélation signifie déraison.

L'attitude des adeptes du dessein intelligent recouvre plusieurs modes de pensée. Ce qui les unit, c'est leur détestation commune de la théorie darwinienne de l'évolution. Et tous se trompent sur l'essentiel : l'évolution n'a pas de but, l'Homme n'est pas l'aboutissement de l'Histoire de la vie. Comme nous l'avons vu, à une ou deux glaciations près, il pourrait encore y avoir plusieurs espèces d'hommes sur la Terre ; il pourrait aussi n'en plus rester aucune.

Mais il en subsiste une, la nôtre. Cela ne signifie nullement que cela *devait* arriver. Plus précisément, ce n'est pas parce que c'est arrivé que cela devait arriver. D'autre part, et c'est là le point le plus important, si *Homo sapiens* a survécu, c'est qu'il a été capable de s'adapter, à la fois parce qu'il en avait les capacités biologiques au sens large (léguées par l'évolution), mais aussi grâce à ses capacités d'innovations techniques et culturelles et, plus encore, par sa compréhension du monde et ses systèmes de représentation du monde. Ses systèmes de représentation eux aussi ont fait l'objet de processus de sélection au cours de la préhistoire comme de l'Histoire[23].

Nous savons tous que, au cours de l'Histoire, des cultures et des civilisations sont apparues, se sont épanouies et ont disparu. Les interprétations classiques nous disent qu'elles se sont effondrées à cause de catastrophes naturelles (la civilisation mycénienne et l'éruption du Santorin ; la disparition des royaumes mayas par suite notamment de sécheresses et de leurs guerres permanentes) ; à cause de l'invasion de barbares (la chute de l'Empire romain ; les hordes mongoles en Asie centrale) ; à cause de grandes catastrophes épidémiques (l'islam et la grande peste ; la disparition des Aztèques et la variole) ; ou encore parce que des civilisations plus puissantes, considé-

---

23. Pour un regard « évolutionniste » même sur le phénomène religieux, voir en particulier Pascal Boyer, *La Religion comme phénomène naturel*, Bayard, 1997, et *Et l'homme créa les dieux*, Robert Laffont, 2001.

rées comme supérieures, envahissent les autres (impéria-
lisme, colonialisme). De tels facteurs interviennent, sans
aucun doute, mais des facteurs internes peuvent peser : ces
sociétés se sont souvent montrées incapables d'appréhender les changements en cours ; incapables de reconsidérer
les valeurs qui avaient favorisé leur émergence et leur épanouissement[24] ; incapables tout simplement d'évoluer. Il
en va ici exactement comme pour l'évolution des espèces :
c'est l'adéquation possible à un moment donné entre les
facteurs internes et les facteurs externes qui permettent
l'évolution – en l'occurrence l'adaptation –, sinon c'est
l'extinction, comme pour les habitants de l'île de Pâques
ou les Vikings qui ont tenté de s'établir au Groenland.
Effondrement, le superbe livre de Jared Diamond, décrit
plusieurs exemples de ce type de processus, pris à différentes époques et dans différentes parties du monde[25]. « Comment les sociétés décident de leur disparition ou de leur
survie », dit le sous-titre. Tout est là. Aujourd'hui, l'humanité se retrouve sur une île de Pâques qui s'appelle la
Terre.

Parmi les adeptes du dessein intelligent, on retrouve
des créationnistes déistes qui n'ont de considération que

---

24. Le cas de l'Australie, à notre époque, résume parfaitement comment des valeurs inadaptées ou archaïques peuvent entraîner une
société à créer les conditions matérielles de sa perte, notamment due
à la surexploitation erronée des sols, des réserves de poisson, de l'eau.
25. Jared Diamond, *Effondrement*, Gallimard, 2006.

pour le Ciel. Les critiques formulées à propos des créationnistes étroits s'appliquent aussi à eux, leur conception du *tous* se limitant à eux seuls. Leur pseudo-évolutionnisme n'admet qu'une seule phylogenèse, celle qui conduit à l'avènement de l'Homme, toutes les autres lignées n'étant que de fausses expériences. Cela exclut les autres espèces et aussi leurs congénères dans l'erreur[26]. Ils ne souhaitent pas de mal aux autres, mais il y a un dessein et il en est ainsi. Avec une telle philosophie, qu'en est-il de notre liberté et surtout de notre responsabilité ? Elle n'incite pas à prendre conscience du monde contingent dans lequel nous vivons et sur lequel nous pesons par l'ampleur de nos activités. Elle n'incline pas à choisir de prendre les mesures qui s'imposent.

La question du *tous* se pose aussi chez ceux qui ont une confiance indéfectible en l'Homme, les chantres du progrès. Leur credo est que l'Homme a toujours su inventer des solutions pour domestiquer la nature et contrer son adversité. On retrouve là la vision du rapport de l'Homme à la nature établie au début de l'âge classique par René Descartes en France et Francis Bacon en Angleterre : l'Homme, par les sciences et les connaissances, doit connaître les lois de la nature afin de la commander. Il est « maître et possesseur de la nature ». Cette pensée se transforme en idéal, puis en idéologie du progrès au XIXe siècle.

---

26. Le fondamentalisme protestant et son concept de prédestination se retrouve dans l'idée de dessein intelligent.

Cette idée du progrès se situe au cœur des débats actuels sur le développement durable[27].

Le succès de livres très contestables d'un point de vue scientifique quoiqu'ils en aient l'apparence, comme celui de Bjorn Lomborg, illustre l'attitude de ceux qui ont une foi inébranlable dans le génie humain[28]. De tels livres sont invoqués comme d'autres brandissent la Bible ou manifestent pour proclamer leur vérité sans aucune lecture objective d'un point de vue scientifique. Ce qui importe, c'est que le livre adhère aux convictions affichées. Que toutes les études scientifiques n'appréhendent pas tous les aspects complexes participant du développement durable, que certaines soient mal étayées, que beaucoup aboutissent à des résultats parfois discutables, rien de plus ordinaire dans la vie des sciences. Cela ne signifie pas pour autant que ceux qui défendent l'idée de progrès ont raison. Les défenseurs du progrès adoptent une attitude intellectuelle identique à

---

27. Pierre-André Taguieff, *L'Avenir du progrès*, Textuel, 1997.
28. Bjorn Lomborg, *L'Écologiste sceptique*, Le Cherche Midi, 2004. L'édition originale date de 1998. Cet ancien professeur de statistiques danois, dont les cibles principales sont Al Gore et le Protocole de Kyoto, accumule sur six cents pages un monceau de « données » censées « démontrer » qu'au fond, tout ne va pas si mal et que les risques pour l'avenir de la planète et de l'humanité sont moindres que ne le laissent penser les « outrances » des militants écologistes. Là encore, il y a confusion : même si certains écologistes peuvent sembler outranciers et seulement inspirés par une idéologie politique, cela ne signifie pas que l'environnementalisme sérieux n'est qu'une idéologie. Il en va ici comme du créationnisme, qui présente la théorie de l'évolution comme une conviction pour mieux en ruiner la crédibilité.

celle des adeptes du dessein intelligent et leur pseudo-argumentation est exactement la même que celle avancée par ces derniers contre l'évolution. L'idée d'une atteinte à une vérité avérée se retrouve dans le dernier roman de Michael Crichton sous la forme d'un complot écologiste[29]. Claude Allègre, qui a préfacé la traduction du livre de Lomborg en n'hésitant pas à y voir un nouveau Galilée, appartient à ce courant de pensée fortement représenté dans notre pays, riche de sa forte culture d'ingénieur. L'idée à l'œuvre ici : certes, il y a des problèmes, mais ils ne sont pas si graves, et le génie humain y pourvoira. Il est piquant qu'en matière environnementale, les rationalistes purs et durs rejoignent finalement dans un même fatalisme les adeptes de la Providence divine ! Mais, après tout, Nietzsche, en pleine ère scientiste, n'avait-il pas bien perçu tout ce que le culte du progrès conservait de profondément religieux ?

Alors y a-t-il eu progrès ? C'est incontestable au regard de notre histoire récente si le progrès s'apprécie par la médecine, l'espérance de vie et la consommation de biens et d'énergie. La question n'est pas là. Y a-t-il eu progrès pour *tous* ? En moins d'un siècle et demi, les écarts entre les pays riches et les pays pauvres sont passés d'un rapport de 5 à 100 avec une accélération formidable au cours des dernières décennies, sans compter les écarts croissants entre les plus riches et les plus pauvres au sein de chaque pays.

---

29. Michael Crichton, *État d'urgence*, Robert Laffont, 2006.

En 2004, la Banque mondiale a calculé que 1,1 milliard de gens vivaient avec moins d'un dollar par jour[30]. On oublie aussi que le même nombre de personnes n'accède pas à de l'eau potable et le double ne bénéficie pas des normes minimales d'hygiène. Même si un rapport international récent indique une progression dans tous les pays du monde, sauf pour l'Afrique saharienne, le *tous* souffre de tensions et d'inégalités croissantes. Les pays riches, notamment occidentaux, sont évidemment avantagés par leur histoire, les efforts consentis, l'héritage des générations antérieures qui ont beaucoup travaillé. Mais la question n'est pas le passé des uns et des autres, c'est notre avenir à tous, même s'il faut rappeler que ce n'est pas l'Homme en tant qu'espèce qui détériore la planète, mais certaines populations qui en font subir les conséquences aux autres.

Claude Allègre n'a pas tort lorsqu'il dit que même si tous les pays ratifiaient les accords de Kyoto, nous aurions

---

30. Pourtant, en 2000, le Bureau national américain de recherches économiques a publié un communiqué clamant que le développement économique réduisait la pauvreté globale ; il s'appuyait sur une étude d'apparence extrêmement sérieuse, signée Xavier Sala-i-Martin, montrant que le nombre de personnes vivant avec moins d'un dollar par jour avait chuté à… trois cent cinquante millions. Même énergie, même zèle, même habileté pseudo-scientifique que celle d'un Lomborg pour démontrer que les nouvelles ne sont pas mauvaises et qu'il est urgent de ne rien faire ! (« Economic Growth is reducing global poverty », communiqué de presse du National Bureau of Economic Research, octobre 2002, et Xavier Sala-i-Martin, « The world distribution income », mai 2002.)

à subir les conséquences du réchauffement climatique avant que ces mesures aient des effets sensibles sur l'effet de serre. Tous les experts s'accordent à penser que les mesures de limitation des gaz à effet de serre n'empêcheront pas une augmentation des températures moyennes pour les deux siècles à venir, au moins. Pour espérer limiter l'effet d'amplification de ces gaz, il faudrait adopter des mesures beaucoup plus drastiques. Alors faut-il laisser faire ? Certainement pas si nous nous soucions des générations futures. Faut-il en rire ? Faut-il en pleurer ? Toujours est-il qu'il a fallu attendre la publication du rapport Jack Stern chiffrant le coût économique du réchauffement pour que, à de rares expressions près, les milieux « officiels » s'alarment vraiment et envisagent d'aller au-delà des belles paroles. Peut-être était-ce un tort d'opposer trop nettement jusqu'à ces dernières années développement et prise en compte des ressources globales. À terme, pas de développement possible, pas même de progrès si la diversité et les ressources de la nature sont saccagées à la manière de l'exploitation minière, comme le montre si brillamment Jared Diamond.

L'inégalité de richesse entre les nations risque de nous confronter rapidement à de grandes difficultés humanitaires. L'élévation du niveau des mers et des océans – environ 0,3 millimètre par an avec une tendance à s'accélérer d'après les dernières études – menace les régions de terres basses et les deltas de grands fleuves, souvent les plus densément peuplés. (D'ici 2050, 75 % de la population mondiale vivra à moins de 60 km des côtes.) La Hollande réfléchit déjà à un programme de grands travaux pour rehausser les digues. La Hollande est un pays très riche, doté du corps d'ingénieurs le plus compétent sur ces questions techniques, et elle fait partie de l'Union européenne, dont les ressources sont considérables. Qu'en sera-t-il des centaines de millions d'habitants du Bangladesh et d'ailleurs ? À moins de penser que l'Europe prolongera les digues pour en faire des murs d'enceinte infranchissables sur les frontières de l'espace Schengen contre les marées migratrices, nous sommes *tous* concernés. « Le monde est un polder », écrit Jared Diamond, donnant en modèle la réussite néerlandaise en termes de solidarité, de prévention des risques et de développement réfléchi. Mais ne nous trompons pas de digues !

Il existe trois conceptions fondamentales du rapport entre les hommes et la nature : le fixisme, le transformisme et l'évolutionnisme. Le fixisme admet un monde qui ne change pas. Plusieurs traditions religieuses et philosophiques vénèrent ou du moins respectent la nature et ses merveilles, même dans la pensée occidentale. Les créationnistes sont très fixistes, surtout les évangélistes fondamentalistes. Ils considèrent que tout ce que Dieu a créé l'a été pour leurs seuls besoins, qu'ils peuvent user des ressources de la nature comme bon leur semble. Charles Darwin avait déjà épinglé cet autisme vis-à-vis du monde chez celles et ceux qui perçoivent la vie sur Terre comme une déchéance et qui ne sont animés que par la quête de leur salut. Le fait que les États-Unis d'Amérique de George W. Bush et le gouvernement australien refusent de ratifier le Protocole de Kyoto alors qu'ils soutiennent les mouvements créationnistes et surtout antiévolutionnistes parle de lui-même.

Les partisans du dessein intelligent, eux, adoptent une attitude un peu plus responsable, mais avec des différences entre ceux qui voient un dessein cosmique – après tout, advienne que pourra, puisque la finalité se concentre sur l'Homme – et ceux qui soutiennent une vision du progrès fondée sur le génie créatif des hommes. Les premiers sont proches des créationnistes ; les autres s'inscrivent dans l'idéologie scientiste de l'Occident. Il ne fait aucun doute que l'espèce humaine a accompli d'immenses progrès au travers de la préhistoire et de l'Histoire. Mais la vraie interrogation est : pourrons-nous continuer ainsi ? En tant qu'évolutionniste, je crains fort que la grande aventure de l'humanité ne puisse se poursuivre.

Toujours en tant qu'évolutionniste, une certitude : une espèce n'évolue pas seule ; ce sont les communautés écologiques qui évoluent ; il y a coévolution. La décimation en cours de la biodiversité est donc tout sauf bénéfique. La responsabilité de l'Homme est à cet égard scientifiquement avérée. Espérons que l'évolution a de l'avenir avec nous. Mais, pour cela, il faut savoir et comprendre ce qu'elle est, et pas la nier !

Conclusion

LA LAÏCITÉ, NOUVEL ENJEU
DE NOTRE ÉVOLUTION

La laïcité constitue le pilier de notre modernité. Ses principes doivent être rappelés, surtout dans le cadre de la mondialisation actuelle, car des femmes et des hommes de différentes ethnies, de différentes cultures, de différentes religions, de différentes croyances doivent construire le monde de demain. Désormais, aucune culture ne peut prétendre imposer ses valeurs, comme le voulut l'humanisme occidental en son temps, même avec les meilleures intentions. Pour autant, il existe bel et bien des valeurs aussi universelles que fondamentales, dont certaines ont été forgées par l'histoire de l'Occident et qui ne peuvent être défendues que dans le cadre de la laïcité. Aucun pays, aucune nation, aucune religion, aucun système de pensée n'a légitimité pour imposer toutes ses valeurs aux autres. La laïcité, c'est la coexistence nécessaire de la diversité culturelle, en toute liberté, et dans le respect des droits les plus fondamentaux comme les Droits universels de l'homme (ce qui inclut les femmes depuis 1948), les droits des enfants, et aussi le droit à la diversité culturelle et plus récemment d'autres comme celui d'ingérence, celui des générations futures et même celui des autres espèces à survivre. La laïcité ne consiste pas à admettre que certains droits peuvent ne pas être respectés au nom de différences culturelles et/ou historiques. Au contraire, elle revendique avec force l'expression des différences dans le respect mutuel et selon des principes inaliénables : le droit de penser, de croire et de ne pas croire pour soi et pour les autres. Or, actuellement, les créationnistes combattent la laïcité et veulent imposer leur seule vision du monde, entraînant dans leur croisade d'autres religions. On ne peut accuser les adeptes du dessein intelligent de telles visées, bien qu'ils dégagent la voie pour les créationnistes et leurs visées obscurantistes.

D'un point de vue paléoanthropologique et évolutionniste, l'humanité actuelle se trouve dans une situation inédite. Lorsque des populations d'hommes modernes *Homo sapiens* entament leur expansion depuis l'Afrique et le Proche-Orient, les terres d'Europe et d'Asie sont occupées par d'autres espèces d'hommes comme les hommes de Neandertal (*Homo neanderthalensis*), de Solo (*Homo soloensis*), de Florès (*Homo floresiensis*) et d'autres encore aux statuts très incertains dans l'immense Asie continentale. La préhistoire s'achève par un étrange paradoxe : l'expansion d'une seule espèce, la nôtre, sur toute la Terre et la disparition des derniers autres représentants de notre lignée. Première mondialisation : pour la première fois dans l'histoire de la vie, une seule espèce de mammifères répartie sur tous les continents et capable de s'adapter à presque tous les milieux.

L'anthropologie évolutionniste met en évidence l'adaptabilité biologique de notre espèce aux niveaux génétique, immunologique, physiologique, morphologique et cognitif. Elle repose aussi sur les cultures et les techniques. L'Homme jouit d'une double adaptabilité, l'une biologique sélectionnée par les conditions de l'environnement au cours de son histoire évolutive et l'autre culturelle au sens large. Cette dernière lui permet à la fois de parer aux effets contraignants de l'environnement (habits, habitat, feu, etc.) et, plus récemment et de façon de plus en plus intense depuis le néolithique, de modifier son environnement.

Les avancées spectaculaires de l'anthropologie moléculaire et de la génétique historique permettent de connaître de mieux en mieux la diaspora planétaire d'*Homo sapiens*. Son expansion s'est accompagnée de dérives génétiques et de diversifications culturelles de telle sorte que les relations de proximité génétiques entre les populations humaines recoupent celles des langues. Autrement dit, l'arbre des relations de parenté génétique des groupes humains se superpose à celui des relations de parenté entre les langues. Cela signifie, comme l'avait fort bien souligné Claude

Lévi-Strauss, que la diversité des langues et des cultures actuelles ne provient pas d'une malédiction babélienne (malgré les créationnistes), mais d'une histoire naturelle, donc de l'évolution avec une arborescence d'expériences (malgré le dessein intelligent).

La dispersion centrifuge des populations d'*Homo sapiens* s'arrête brutalement lorsque les Occidentaux débarquent dans les Amériques. Certes, il y eut au cours des derniers milliers d'années de forts mouvements de populations dont l'Histoire nous enseigne encore les bouleversements. Mais les événements de la fin du XVe siècle mettent en contact des populations de la même espèce que l'évolution avait séparées depuis plusieurs dizaines de milliers d'années[1]. Ce qui est nouveau aussi, c'est que les sciences apportent la démonstration de la rotondité de la Terre. Elle est ronde et petite. Même les lourdes caravelles en font le tour en quelques mois. Alors commence une nouvelle phase de notre histoire, celle des chocs entre les cultures et de la volonté de domination des unes sur les autres. Les peuples les plus entreprenants, à partir de cette époque, sont ceux d'Europe, qui ont la volonté d'évangéliser les autres. Pour prendre deux exemples, l'expansion des Mongols ne s'accompagne pas d'une volonté d'imposer une culture et une religion. Au contraire, ils massacrèrent ou bien adoptèrent les traits dominants d'autres civilisations comme en Chine, en Inde ou en Europe centrale. L'autre

---

1. Pascal Picq, *Nouvelle Histoire de l'Homme, op. cit.*

exemple est celui de l'islam et des peuples arabes avec une grande diversité de situations locales, sans oublier son expansion à d'autres peuples non arabes (turcs, iraniens, indonésiens) L'Occident chrétien engage au contraire une politique d'expansion de grande ampleur soutenue par la religion, avec parfois des divergences quant à la nature de cette expansion comme en témoigne la célèbre controverse de Valladolid. Pour les périodes les plus récentes de l'histoire de l'Humanité, les peuples du Livre ont donc fait preuve d'une puissante volonté d'expansion renforcée par une motivation morale portée par la religion.

La situation que nous connaissons en ce début de XXIᵉ siècle avec les revendications créationnistes – et islamistes – n'est-elle pas la résurgence de ces volontés d'imposer une seule vision du monde à l'aide des moyens prodigieux qu'offrent les nouvelles techniques de la communication et de l'information ? Si c'était le cas, alors nous serions face à un retournement dramatique de l'Histoire.

Les évangélistes et les représentants d'autres courants religieux provenant des pays réformés d'Europe ont migré il y a plusieurs siècles pour échapper aux persécutions religieuses et en quête d'une terre promise, l'Amérique. Aujourd'hui, ils soutiennent un prosélytisme étonnamment efficace et par des moyens parfaitement légaux dans le cadre de la liberté de croyance (laïcité) ou de la tolérance interconfessionnelle. Comment le comprendre ? D'un point de vue évolutionniste, l'expansion de ces croyances et de ces pratiques livre un très bel exemple de la théorie des « mèmes » de Richard Dawkins, la bête noire des fondamentalistes[2]. Le terme « mème » est une analogie avec le « gène ». Un mème correspond à une idée, à un concept ou à un module cognitif qui se diffuse de cerveau à cerveau. Si le mème rencontre un système de pensée ou répond à une attente, alors il se fixe dans les modes de représentation du cerveau d'un individu, de plusieurs ou d'un groupe, etc. Sa diffusion peut s'effectuer verticalement d'adultes à enfants par l'éducation ; elle peut être horizontale entre individus contemporains. Comme dans l'évolution, c'est moins la valeur intrinsèque du mème qui explique son succès que les conditions environnementales, donc socio-économico-culturelles qui favorisent sa sélection. Les créationnistes se montrent évidemment très actifs, mais cette seule explication ne suffit pas.

On peut proposer diverses hypothèses pour tenter de comprendre cette situation, ce qui dépasse le cadre de ce livre et les compétences de son auteur. Cependant, si on s'en tient à quelques souvenirs historiques, les périodes favorables au développement des connaissances scientifiques correspondent aux plus fastes pour les grandes civilisations. Les sciences se développent en Chine, en Inde, en Égypte et ailleurs en relation avec des activités techniques, économiques, mythiques ou encore ludiques. Elles devien-

---

2. Richard Dawkins, *Le Gène égoïste, op. cit.* ; *The Blind Watchmaker*, Norton, 1986 ; voir aussi Dan Sperber, *La Contagion des idées*, Odile Jacob, 1996.

nent un domaine abstrait de connaissance de la nature détaché de toute application pratique au temps de la Grèce classique. L'édification des connaissances repose sur une doctrine de la preuve par la démonstration et la logique que les historiens associent au développement de la démocratie athénienne.

Précisons toutefois que, si l'expansion des grandes civilisations repose toujours sur des avancées techniques, que ce soit dans les arts de la guerre, de l'architecture et de l'organisation économique et politique, elle ne s'accompagne pas toujours d'avancées dans les domaines des connaissances comme en philosophie, en médecine et en science. Les Romains, héritiers de la Grèce classique et de son immense contribution à la pensée occidentale, dominent une grande partie de l'Europe, de l'Asie et de l'Afrique pendant des siècles alors que l'Histoire retient peu de grands penseurs. Du point de vue de l'Histoire et des civilisations, il existe une très grande différence entre le développement scientifique et le développement technologique.

Pour autant, une civilisation consciente de sa grandeur et de sa force favorise les sciences, ce mode d'acquisition des connaissances si particulier qui conduit à d'autres interprétations. Mais si la situation devient plus fragile, alors revient le temps de l'intolérance, comme pour Socrate en son temps, Averroès alors que la splendeur du califat de Cordoue s'affaiblit ou pour Galilée quand se profile la Réforme. Corrélation ne veut pas dire raison ; cependant, la montée en puissance de l'évangélisme fonda-

271

mentaliste et de l'islamisme n'est-elle pas le signe d'une civilisation technique mondiale qui a négligé de réaffirmer des valeurs universelles ou tout simplement oublié de proposer un projet de civilisation plus ambitieux que le naïf « village mondial » cher aux gourous des NTIC (nouvelles technologies de l'information et des communications), une « Utopie de verre » selon l'expression de David Lebreton qui s'est fracassée avec les parois de verre des Twin Towers ? La civilisation de la technique a construit une toile sur laquelle s'étendent toutes les tentatives pour emprisonner la liberté de pensée. Pendant que Francis Fukuyama clame la « fin de l'Histoire » – l'étape ultime de l'Humanité pour ceux qui confondent les moyens et les buts, comme les adeptes du dessein intelligent –, d'autres poursuivent d'autres desseins : les créationnistes et les islamistes. Si tous ces propagandistes de fausses utopies et de lendemains qui déchantent au nom de paradis perdus étaient plus instruits de ce qu'est l'Histoire et surtout de l'évolution, nous ne serions pas confrontés à une situation qui menace « notre avenir à tous ».

Atteinte à la laïcité

Les créationnistes ont parfaitement le droit de vivre et de croire comme ils l'entendent, d'observer leurs croyances au sein de leur communauté. Mais quel besoin de vouloir imposer une seule et unique vision du monde dans les écoles publiques et de contester l'enseignement de la biologie évolutionniste ? Dès le premier procès du singe, Darrow s'exclame : « Aucune ligne d'aucune constitution ne peut être attaquée par une bigoterie et une ignorance qui chercheraient à détruire les droits des individus [...]. Le musulman a-t-il le droit de résider et de pratiquer sa religion ? Le bouddhiste a-t-il le droit de vivre et de pratiquer sa religion ? Le Chinois qui vient ici nettoyer nos vêtements a-t-il le droit d'y installer son Dieu et de le servir[3] ? » Le deuxième procès du singe de Little Rock se révèle encore plus explicite sur ce point. Les plaignants rassemblent des associations laïques, des enseignants et des représentants des grandes religions. Leur unité se fait autour de la défense de la laïcité : ils ont parfaitement compris que les fondamentalistes, au travers du créationnisme, agissaient dans le seul but d'imposer leur vision du monde. Même si les religions du Livre rencontrent de réelles difficultés avec la théorie de l'évolution, plus précisément avec certains de ses concepts, ses représentants ont parfaitement appréhendé les enjeux : défendre une société dans laquelle il est permis de croire ou de ne pas croire et où on peut choisir de débattre ou non.

Le projet des créationnistes porte atteinte à ce principe car sinon comment comprendre leurs efforts tenaces pour introduire leur « science » dans les salles de classe, et tout

---

3. Jacques Arnould, *Les Créationnistes, op. cit.*, p. 57.

particulièrement en sciences. Ils espèrent donner à leur vision littérale une caution scientifique : leur vérité renforcée par la « vérité scientifique ». En d'autres termes, accepter sans aucun discernement critique leur vérité en détruisant les bases d'un mode d'interrogation du monde fondé sur le scepticisme méthodologique et la recherche de preuves objectives, la science. Le troisième procès de Dover commence par un acte citoyen porté par des parents d'élèves qui ont bien compris qu'en plus de la laïcité, ce sont les principes de la démocratie qui sont atteints[4].

Les deux derniers procès du singe réaffirment les fondements démocratiques de la société américaine et la solidité de sa Constitution. Néanmoins, les principes de la Constitution des États-Unis d'Amérique se voient contredits par certaines pratiques « institutionnalisées » : jusqu'à présent, tous les présidents ont prêté serment sur la Bible ; de même pour les élus au Sénat comme à la Chambre des représentants ; de même aussi pour les personnes appelées à témoigner dans les procès. Chanter l'hymne de la nation dans les écoles publiques est une chose ; commencer la

---

4. Le film réalisé par Stanley Kramer en 1960 sur le procès de Dayton, *Procès de singe*, avec Spencer Tracy dans le rôle de Clarence Darrow, se termine par une scène d'une belle simplicité biblique. Darrow, seul dans la salle du tribunal, rassemble ses affaires dans sa serviette. À côté un livre, *L'Origine des espèces* de Charles Darwin, qu'il emporte sous le bras. Arrivé à la porte, il se ravise. Il a oublié quelque chose : la Bible qu'il retourne chercher sur le banc. Enfin, il quitte la salle avec les deux livres.

journée par une prière en est une autre, alors que la Cour suprême a déclaré cette habitude anticonstitutionnelle. George Washington, l'un des « pères » de la Constitution, était croyant et ne pouvait imaginer que la naissance de cette nouvelle nation démocratique ne soit en accord avec le soutien de Dieu : *In God we trust.* Cela ne l'a pas empêché de rédiger l'une des constitutions les plus laïques et démocratiques des temps modernes.

Et si on faisait comme les fondamentalistes ?

Les fondamentalistes se battent pour introduire un « enseignement équitable » entre leur vision de la Création et la théorie de l'évolution dans les classes de biologie. Ils arguent que cela fait partie de l'éducation des élèves, qu'ils doivent être capables de se forger une opinion en étant confrontés à diverses interprétations, soutenus en cela par les déclarations de Ronald Reagan et George W. Bush. Présentée ainsi, l'intention se pare des vertus démocratiques de la laïcité, d'un droit. Seulement, la laïcité n'est pas le mélange des genres. Même si la séparation des magistères s'avère peu évidente à maintenir dans l'absolu et en dépit de l'expression de Galilée et le souhait de Stephen Jay Gould, son principe demeure une obligation. Il est donc inconcevable que l'on introduise dans un cours de sciences une autre « interprétation » que la théorie de l'évolution si celle-ci ne respecte pas les critères de la scientificité.

De toute façon, la science n'a pas besoin d'autres « interprétations » que scientifiques pour exercer l'esprit critique des élèves. La démarche scientifique se fonde sur une méthode qui consiste à discuter des hypothèses en cours sur les bases de la raison, de l'observation, de l'expérimentation et de la modélisation. Même à partir de résultats similaires, les interprétations possibles ne sont pas univoques. Tous les articles scientifiques incluent une partie importante intitulée « discussion », dans laquelle les nouveaux résultats sont appréciés selon l'hypothèse de ou des auteurs et surtout eu égard aux autres hypothèses toutes aussi divergentes que pertinentes. Puis, si les recherches accumulent suffisamment de données et de conclusions permettant de construire un nouveau paradigme au sens de Thomas Kuhn, la communauté des chercheurs l'adopte, toujours de manière critique. Les interprétations ne s'apparentent en rien au dogmatisme. Les créationnistes parlent « du dogme de l'évolutionnisme » ou encore « des abus de l'évolutionnisme ». En revanche, imposer leur interprétation littérale de la Création comme seule explication n'a rien de dogmatique ! Comprenne qui pourra, si ce n'est que les défenseurs de vérités ne tolèrent pas ce mode de pensée démocratique et laïque fondé sur la discussion et l'argumentation logique des connaissances.

Adoptons, comme cela se fait en logique et en mathématiques, un raisonnement par l'absurde. Admettons, mais

c'est absurde, que la théorie de l'évolution soit une interprétation comme une autre – ce que prêchent les créationnistes, les adeptes du dessein intelligent et les partisans du
relativisme aussi mou qu'à la mode. Alors, il faut appliquer
le principe de l'enseignement équitable dans toutes les instances. En cours de biologie, il faudra donc aussi présenter
la version créationniste, ce qui risque de prendre pas mal
de temps au vu de la diversité des interprétations créationnistes des mêmes textes ; il ne faudra pas oublier non plus
les cosmogonies bouddhiste, hindouiste, amérindienne, les
chants des pistes des Aborigènes, etc. Du coup, mais c'est
absurde, les élèves ne seront plus en cours de sciences, mais
en cours d'anthropologie comparée, ce qui ravira les relati-
vistes. La science aura ainsi sombré dans le relativisme.
Mais dès lors, en respect de la laïcité et de l'équité, je
demanderai en tant qu'anthropologue que l'état des
connaissances actuelles sur les origines et l'évolution de
l'Homme soient évoquées dans les écoles religieuses. Rien
de plus normal, puisqu'il paraît que la théorie de l'évolution est dogmatique et que, comme d'aucun le sait, les
créationnistes ne le sont pas. Ils accueilleront donc les
« interprétations scientifiques », qui seront bien sûr d'autant
plus faciles à récuser qu'ils disposent de leur science
créationniste.

Un tel scénario croule sous l'absurdité. Et pourtant,
c'est la situation à laquelle sont confrontés les scientifiques
dans les journaux. Lorsque M. Staune et ses amis écrivent
des articles dans de grands quotidiens sur le thème de la

science et de la quête de sens, les scientifiques éprouvent de réelles difficultés pour exercer leur droit de réponse. Quand Mme Dambricourt-Malassé se distingue par ses interventions, notamment au travers d'une émission sur Arte, elle a droit non seulement à un film[5], mais aussi à un droit de réponse. Autrement dit, quelques personnes exercent leur droit d'expression, tout à fait légitime, mais un groupe de chercheurs peine à faire valoir le sien et, quand cela se fait, ces mêmes personnes s'expriment à nouveau. Elles s'arrangent pour apparaître comme des victimes alors qu'elles bénéficient d'un régime inéquitable en leur faveur.

Les journalistes scientifiques s'arrachent les cheveux, car certains de leurs collègues confondent débat d'opinion et débat scientifique. À cela s'ajoute une tradition intellectuelle prompte à fustiger les sciences parmi les « élites intellectuelles françaises ». On rencontre exactement la même attitude à propos du réchauffement climatique : un seul chercheur, Claude Allègre, met en doute les travaux des autres, alors même que se tient la réunion des experts scien-

---

5. Le film de Thomas Johnson *Homo sapiens : une nouvelle histoire de l'Homme* fut d'abord projeté le 15 octobre 2005 au festival du film scientifique au Muséum d'histoire naturelle de Paris, puis le 29 octobre 2005 sur Arte. Il fait la propagande de la thèse d'Anne Dambricourt-Malassé, qui soutient qu'il existe une pression interne poussant l'Homme à évoluer toujours dans le même sens depuis des millions d'années. Les journalistes scientifiques ont été très critiques, mais pas leurs collègues qui adhèrent sans retenue à cette quête de sens. Il a fallu des actions vigoureuses de la part de la communauté scientifique pour expliquer ce qu'il en était.

tifiques du GIEC à Paris. Rappelons que ce groupe réunit des centaines de chercheurs de tous les pays et que leur rôle n'est pas de donner un « avis », mais de faire la synthèse de milliers d'articles parus sur ce problème. C'est l'un des passages les plus marquants du film d'Al Gore *Une vérité qui dérange*. Sur un millier d'articles parus dans des dizaines de revues scientifiques internationales, aucun ne conteste l'impact des activités humaines sur le réchauffement climatique et encore moins les scénarios sur les conséquences à venir. En revanche, une étude des articles de presse traitant de ce sujet montre que la moitié d'entre eux doutent des résultats des scientifiques. L'absurde domine la raison dans les débats d'idées. La rationalité s'en est allée. Le temps des vérités absolues est de retour avec son spectre de menaces sur la laïcité, la démocratie et « notre avenir à tous ».

Du bon usage de la laïcité

Les créationnistes ont le droit de croire en la Création ; tous les croyants des religions du Livre et de toutes les autres religions ont droit à leurs croyances ; toutes celles et ceux qui adhèrent à une quête de sens ont le droit de se laisser séduire par cette idée. Mais la laïcité, c'est aussi le droit de ne pas croire en Dieu, de douter comme chez les agnostiques ou de nier comme chez les athées. Ces principes aussi forts que simples souffrent à l'épreuve de la réalité. Se déclarer athée aux États-Unis suscite le plus souvent de la désapprobation, parfois de la suspicion. La situation s'inverse en France, où une forte tradition philosophique et politique s'oppose vivement à tout ce qui touche à la religion. Pourtant, et fort intelligemment, les Français ont toujours su manifester leur attachement à l'esprit de la loi de 1905, défendant aussi bien l'enseignement public que l'enseignement privé, de moins en moins confessionnel. Le peuple français se montre plus sage que les nostalgiques d'une société dépassée comme ceux qui promettent des utopies qui se sont révélées désastreuses.

Le premier procès du singe a eu lieu dans un contexte politique très sensible après les horreurs de la Première Guerre mondiale. William Bryan mène une croisade anti-évolutionniste, car il associe la théorie de Darwin à une idéologie de la suprématie des plus forts très présente chez les officiers prussiens. La révolution russe accentue cette conviction puisque la religion est écartée du système éducatif alors que s'installe l'enseignement de la théorie de l'évolution. En ce temps-là comme aujourd'hui persiste une incroyable confusion entre une théorie en proie à toutes les dérives idéologiques et son contenu scientifique. Les défenseurs de toutes les formes de suprématie s'appuient sur le « darwinisme social » et ne reculent devant aucune argutie fallacieuse, associant la théorie de l'évolution au matérialisme des bolcheviques qui effraie tant l'Amérique. (La suite de l'histoire montre combien la théorie darwinienne sera détournée avec la biologie désastreuse de Lyssenko.)

Ces errements, souvent tragiques, on en retrouve aussi dans notre pays. L'histoire de la théorie de l'évolution en France montre, hélas, comment la philosophie et la politique ont eu des conséquences désastreuses sur le développement de la biologie. Quelques rappels : Lamarck déconsidéré par le créationniste Cuvier dans la première moitié de XIXe siècle ; Lamarck réhabilité pour contrecarrer la théorie de Darwin ; la glorification de savants naturalistes anti-évolutionnistes comme l'entomologiste Jean-Henri Fabre ; la notoriété de savants évolutionnistes néanmoins hostiles au concept de sélection naturelle comme Jean Rostand ; le rôle très influent de grands scientifiques très sceptiques envers la théorie de Darwin comme le paléontologue Jean Piveteau et le zoologue Pierre-Paul Grasset ; le rejet de la génétique, pour des raisons différentes, par des penseurs et des philosophes catholiques ou communistes jusque dans les années 1960, etc. Les quelques scientifiques cités ont incontestablement apporté de grandes contributions à la science, mais ils se sont opposés à la théorie de l'évolution et plus précisément à la sélection naturelle sur la foi de convictions religieuses et/ou philosophiques ou se sont montrés très sceptiques. Il est encore plus regrettable que tant de scientifiques de renom et étrangers aux sciences de la vie se joignent à cette croisade sur les fondements de convictions personnelles qui sortent du domaine des sciences.

Les débats, les échanges, les controverses, les oppositions appartiennent à la vie laïque et démocratique. Que certains croyants refusent la théorie de l'évolution se comprend, mais qu'ils s'opposent à son enseignement est inacceptable ; que des philosophes contestent ses conclusions en raison de leur adhésion à toutes sortes de finalités est très discutable et doit être discuté ; que des scientifiques participent à la curée antidarwinienne en raison de leurs convictions religieuses, philosophiques ou mystiques est encore plus inacceptable, car ils portent atteinte à la déontologie des sciences et surtout ruinent les avancées encore difficiles sur le terrain de l'interdisciplinarité. Ces scientifiques se comportent exactement comme les créationnistes : ils placent leurs convictions avant l'esprit de la science. À moins de continuer à s'enliser dans le relativisme à la mode, l'interdisciplinarité ne peut se construire qu'entre des disciplines fortement installées sur leurs méthodologies, leurs problématiques et leurs concepts, ce qui est le cas de la théorie de l'évolution.

Enseigner
l'évolution de l'Homme

Notre modernité se construit sur une longue histoire qui passe par le développement des sciences et des techniques. Hélas, on constate que ce qu'est la démarche scientifique reste encore mal compris, ce qui entraîne une confusion dramatique entre sciences et techniques. La célèbre expression « science sans conscience n'est que ruine de l'âme » est porteuse de nombreuses incompréhensions puisqu'elle confond la science et ses applications, donc la technique. Pour des personnes sensibles aux religions du Livre et à la Révélation, à la transcendance ou encore au dualisme, l'expression traduit une inquiétude sur ce qu'est l'« âme », dans toutes ses acceptions possibles, face à l'affirmation d'une pensée fondée sur une méthodologie matérialiste, la science. Elles craignent une dérive vers l'immoralisme, surtout fondée sur une compréhension erronée de la sélection naturelle perçue comme la loi cynique et impitoyable du plus fort. Nous avons précisé ce qu'est la sélection naturelle, mais il serait instructif pour ces personnes de lire les travaux récents en éthologie et en psychologie évolutionniste qui commencent à mettre en évidence les origines naturelles des comportements moraux[6].

L'autre acception de cette expression concerne les applications des sciences, pas leurs merveilleuses applications comme en médecine et dans bien des aspects de notre vie, mais dans des drames hélas trop nombreux provoqués par des dérives techniques venant de la physique (Three Miles Island, Tchernobyl) ; de la chimie (Seveso, Bhopal, AZF à Toulouse) ou de la biologie (sang contaminé, vache folle). On lit et on entend l'indignation des

---

6. C'est là que ça se complique pour les dualistes car, s'il existe des fondements naturels de la morale, alors la science élimine toutes les justifications des comportements immoraux des hommes invoquant de prétendus vestiges d'animalité !

victimes comme de leurs proches, des commentateurs, des journalistes qui s'en prennent à la science. Ce n'est pas la science qui est en cause, mais justement l'absence de réflexion scientifique chez les responsables, les managers, les ingénieurs et les techniciens. Aucun biologiste connaissant l'évolution des grands groupes de mammifères et des régimes alimentaires n'aurait eu l'idée effarante de nourrir des vaches avec des protéines animales.

Dans le concert actuel des discussions sur notre avenir, on note que c'est chez les ingénieurs et les techniciens que se recrutent nombre de partisans du dessein intelligent et des opposants au principe de précaution. Aujourd'hui, il n'y a pas de discussion scientifique autour de la question très sensible des OGM ; c'est-à-dire non pas un débat pour ou contre, mais contradictoire, mobilisant des études objectives conformes à la méthodologie scientifique. Les techniciens imposent leur vision sans maîtriser aucunement les conséquences écologiques. Car, en restant sur les principes de la biologie évolutionniste, nul ne sait comment évolue un écosystème et, quoi qu'il en soit, la perte de biodiversité de nos ressources alimentaires ne peut que conduire à des situations difficiles, pour rester optimiste. Il serait ici utile de se rappeler l'affaire Lyssenko, idéologue antidarwinien, qui mena l'agriculture soviétique au désastre en raison d'une approche idéologique, progressiste et technique de l'agriculture ; nous sommes exactement dans le même cas de figure, mais cette fois sur la foi de l'idéologie du marché. Or la science a une âme qui nous dicte de toujours nous interroger sur la validité de nos connaissances et donc de nos actions[7].

Ces quelques remarques conduisent à formuler une exigence : l'impérieuse nécessité de revenir à un vrai enseignement des sciences, ce qu'est la science, son histoire, son épistémologie et ses méthodes. Actuellement, chaque discipline se préoccupe d'ajouter dans ses programmes les nouvelles connaissances acquises, comme si cela allait de soi. Épistémologiquement, ce n'est pas mieux que la théologie naturelle. Les conservatismes et les archaïsmes ont alors beau jeu de critiquer la science. La devise *Publish or perish* (publier ou périr) comme seul critère d'évaluation des chercheurs les oblige à produire des articles conformes aux paradigmes admis, et surtout pas un travail de falsification, et encore moins à perdre du temps à mener une réflexion épistémologique, à diffuser leurs connaissances ou à soutenir les enseignants. Le philosophe Gilles Deleuze avait raison de fustiger « une science qui fonctionne », un système de pensée qui produit des connaissances sans interroger la connaissance.

---

7. Les terroristes qui envoyèrent deux avions sur les Twin Towers étaient des fondamentalistes dont certains diplômés en sciences de l'ingénieur. M. Harun Yahya, auteur de *L'Atlas de la Création*, rend Darwin responsable de ce drame, alors que, par leurs convictions religieuses et leur formation, ces terroristes n'avaient aucune chance de lire Darwin, d'autant que les fondamentalismes le rejettent et que les techniciens adorent le dessein intelligent. Quand la technique se met au service du fanatisme, où est la science ?

Il importe aussi de développer l'enseignement de ce que Régis Debray appelle le « fait religieux ». Les conséquences de la « laïcité de combat » du siècle dernier, la séparation nécessaire et respectée de l'Église et de l'État, aboutissent à l'effacement de notre mémoire, à la perte de signification de tout ce qui participe de notre vie : calendriers, fêtes, monuments, expressions courantes, commémorations, symboles, valeurs, etc. Se couper de l'Histoire, de nos racines, c'est larguer les amarres de toute construction individuelle et sociale. Qu'on les renie ou qu'on veuille les conserver, là n'est pas la question. Ce qui importe, c'est de savoir d'où l'on vient pour comprendre le présent et dessiner des futurs possibles.

L'évolution, c'est exactement cela, une longue histoire qui fait que l'Homme d'aujourd'hui possède des acides aminés et un code génétique datant de plusieurs milliards d'années ; des cellules à noyau vieilles de 2 milliards d'années ; un plan d'organisation et des gènes de structures vieux de 600 millions d'années ; un mode de reproduction apparu du temps des dinosaures ; une anatomie de singe datant de plus de 30 millions d'années ; un corps de grand singe apte à la suspension acquis il y a plus de 13 millions d'années ; un mode de locomotion incluant la bipédie depuis 7 millions d'années, etc. Tels sont les éléments du « Grand Récit », selon l'expression de Michel Serres. Pourquoi tant d'acharnement pour nous couper de cette mémoire et surtout pourquoi la nier ? Tout simplement parce que l'Histoire nous enseigne qu'hier comme aujourd'hui les systèmes tota-

litaires, oppresseurs, liberticides ont toujours brûlé les biblio-
thèques depuis l'incendie de la bibliothèque d'Alexandrie
jusqu'à *Fahrenheit 451* en passant par les autodafés de livres
par les nazis, le dynamitage des bouddhas de Bamiyan et, en
ce moment même, l'élimination méthodique des traditions
culturelles séculaires chez des peuples d'Asie du Sud sous la
pression des évangélistes et des islamistes.

L'Homme est un animal culturellement et biologique-
ment historique. Les recommandations de Régis Debray
pour l'enseignement du « fait religieux[8] » peuvent être
reprises pour l'enseignement de la théorie de l'évolution
dans les programmes de philosophie (concepts, épistémologie), en histoire (son émergence au sein des divers
contextes économiques, culturels et sociaux qui, par
ailleurs, marquèrent particulièrement ces époques), en littérature (nombre de grands auteurs, et pas des moindres,
évoquèrent la paléontologie et l'évolution dans leurs
œuvres : Goethe, Balzac, Borges, etc.), en instruction civi-
que pour rappeler les principes de la laïcité[9].

---

8. Régis Debray, *L'Enseignement du fait religieux dans l'école laïque*,
Odile Jacob, 2002.
9. Le récent procès à propos des caricatures de Mahomet est un bel
exemple : la démocratie et la laïcité permettent à des personnes ou
des groupes de personnes de porter plainte car elles se sont senties
atteintes dans leur dignité, leur identité et leur confession, ce qui va à
l'encontre des principes de la laïcité. Le procès et le jugement ont
rappelé que la laïcité, c'est aussi le droit de critiquer et de railler, dans
un cadre ayant ses limites.

Reste une dernière exigence : enseigner les origines et l'évolution de l'Homme ! À la lecture de ce qui précède, on pourrait déceler une contradiction entre l'appel à une approche pluridisciplinaire et une revendication disciplinaire pour l'enseignement de la paléoanthropologie. Nullement, car la paléoanthropologie est éminemment interdisciplinaire puisqu'elle mobilise toutes les sciences de la vie et de la Terre sans oublier, puisqu'il s'agit de l'Homme, l'anthropologie biologique et l'anthropologie culturelle. Si l'évolution de l'Homme n'était pas de cette nature, elle n'interférerait pas aussi vivement avec d'autres domaines des connaissances et de la pensée comme l'histoire, la philosophie, les religions et les mythes. Si telle n'était pas sa réalité et son essence, ce livre n'existerait pas.

Les origines de l'Homme posent la question universelle des origines. Les sciences l'abordent récemment au cours de l'histoire de l'humanité et donc se trouvent confrontées à tous les autres modes d'interrogation du monde ayant proposé une diversité éblouissante de récits oraux et écrits parmi les plus beaux jamais inventés par le génie des Hommes. La fascination comme le rejet pour les recherches autour des origines de l'Homme viennent de là. Les créationnistes et les fondamentalistes nient le génie de l'Homme en affirmant que tout vient d'un Créateur ; mais ils oublient la beauté du récit de la Genèse qui est une invitation à la foi et à honorer la Création, et préfèrent en faire un manifeste d'intolérance. À l'opposé, des penseurs matérialistes commettent la même erreur en utilisant la théorie de l'évolution comme un manifeste antireligieux, ce qui n'est en aucun cas le motif de ces recherches. La théorie de l'évolution et l'évolution de l'Homme proposent un cadre explicatif de la diversité biologique et culturelle de l'humanité. Dans un autre livre[10], j'avais prolongé les propositions de Régis Debray et de Michel Serres en suggérant une modification de notre enseignement dans la perspective d'un nouvel humanisme universel. Toutes les disciplines sont concernées : les sciences, la littérature, la philosophie, l'histoire, les arts, etc. Bien sûr, il faut les réorganiser, les sortir de leurs contraintes disciplinaires et nationales. Bref, ne plus enseigner « nos ancêtres les Gaulois », mais « Lucy et nos origines à tous[11] ». Cet enseignement insisterait sur les origines de la vie et de l'Homme tel qu'il s'est déployé dans la diversité des langues et des cultures. Il expliquerait comment la vie a évolué sur la Terre ; comment l'arbre de la vie s'est redéployé après chaque grande catastrophe ; quelle est la place de l'Homme dans l'histoire de la vie et dans la nature actuelle ; comment, depuis une origine commune récente, s'est accomplie l'expansion de l'humanité actuelle ; comment la diversité des langues et des cultures provient d'une histoire naturelle ; comment depuis la préhistoire les

10. Pascal Picq, *Nouvelle Histoire de l'Homme, op. cit.*
11. Lucy, gracile australopithèque âgée de plus de 3 millions d'années, n'est pas l'ancêtre du genre humain, *Homo* ; mais elle représente le plus beau symbole universel de notre communauté d'origine accueilli partout dans le monde, un miracle de la science.

Hommes, dont certaines espèces disparues depuis seulement quelques dizaines de millénaires, ont ressenti le besoin de construire des représentations symboliques du monde ; comment sont apparues les différentes formes de pensée mythologiques, les rituels pour les morts et les religions avant de céder la place à l'histoire.

L'évolution et l'histoire rassemblent toutes les populations humaines. La théorie de l'évolution, en tant que science à la fois théorique et historique, est la seule discipline scientifique qui fait le lien entre les sciences et les humanités. Voilà donc l'ennemie jurée des créationnistes et des adeptes du dessein intelligent. Les créationnistes et les fondamentalistes refusent le passé, appliquant en cela une compréhension aussi intégriste que radicale de la Révélation : auparavant, rien n'existait ou tout était honteux. On touche là une dérive idéologique effarante de la pensée occidentale que l'on retrouve dans certaines écoles des sciences humaines et dans des systèmes philosophiques qui, s'appuyant sur le dogme erroné de l'Homme absolument libre et affranchi de toute contrainte naturelle, se joignent à la croisade hallucinée des fondamentalistes[12].

---

12. On peut tout craindre de ces idéologies antiévolutionnistes si, comme cela commence à se dire, à s'écrire et à se faire, les nouveaux modes de procréation artificielle nous livrent, dans un espoir fou de liberté, des enfants conçus sans cordon ombilical avec la vie. Cela porte déjà un nom : la postmodernité. Voir Dominique Lecourt, *Humain, posthumain*, PUF, 2003 ; Jürgen Habernas, *L'Avenir de la nature humaine*, Gallimard, 2002.

Tout au contraire, l'évolution nous enseigne comment notre lignée évolutive, celle des grands singes hominoïdes, a réussi à se maintenir grâce à la souplesse de ses répertoires locomoteurs, à l'aspect généraliste de ses régimes alimentaires et à la plasticité de ses capacités cognitives qui font que leur adaptabilité passe par l'innovation culturelle et sociale. La lignée humaine développe certaines de ses potentialités selon un éventail de possibles que les paléoanthropologues et les préhistoriens du monde entier décrivent par leurs recherches. Notre évolution a pu se faire justement, mais sans dessein, parce que nous disposons d'un patrimoine génétique qui fait que nous sommes à la fois des grands singes et des Hommes. Que de liberté à partir d'un patrimoine génétique commun ! La magnifique diversité des langues, des cultures et des récits des origines se fonde sur cette liberté naturelle que les créationnistes, les islamistes et les fondamentalistes veulent éradiquer. Mais qui élimine ? Qui sélectionne ? La sélection naturelle et l'évolution qui ont permis cette évolution ou ceux qui veulent imposer leur seule vision du monde ?

Aujourd'hui, il ne reste plus qu'une seule espèce d'Homme sur la Terre. Les adeptes naïfs du dessein intelligent pensent que l'évolution n'a qu'un seul but, la domination d'*Homo sapiens* sur le monde. Leur vision élitiste se drogue d'une foi sans discernement dans le progrès et la technique, ce qui les amène à jeter un regard aussi arrogant que péjoratif sur nos ancêtres. Les hommes préhistoriques sont toujours représentés comme de pauvres hères affreux, sales et stupides. Désolé, la préhistoire livre une tout autre réalité archéologique (et donc scientifique). Pour paraphraser Charles Darwin, n'y a-t-il pas davantage de grandeur à penser que ce que nous sommes provient d'une évolution biologique et culturelle qui doit au génie de nos ancêtres ? C'est ce que nous enseigne l'évolution de l'Homme : une histoire possible parmi d'autres qui n'a pu avoir lieu que parce qu'il y avait de la diversité biologique et culturelle.

Liberté donc, et responsabilité : ce que nous sommes ne vient pas d'une transcendance et encore moins d'un dessein. La lignée humaine s'est faite elle-même, sans s'en remettre à une entité hors de la nature ou à un dessein immanent qui écarteraient ces deux notions fondamentales : la liberté et la responsabilité. Cette vision heurte, d'un côté, ceux qui ne se soucient guère de la planète et des générations futures dans la quête égoïste et exclusive de leur salut ; et, de l'autre, ceux qui croient que la technique nous aidera à maîtriser la nature et qui, dans leur vision élitiste, imaginent que certaines populations élues finiront par s'arracher de la Terre pour gagner un ailleurs quelque part dans les étoiles. Mais ces propos ne conduisent pas à nier la nécessité d'une recherche de sens. Le fait que la vie et l'évolution n'aient pas de finalité ne signifie pas que nous ne devions pas donner un sens à la nôtre et à celle de l'humanité. Bien au contraire. Et notre responsabilité envers les générations futures exige des efforts pour la conservation de la biodiversité des écosystèmes et de la nature, comme pour la préservation de la diversité des langues, des cultures, des croyances et des systèmes de pensée dans le respect de l'altérité et de valeurs communes au sein de la laïcité. En quelques mots : il s'agit de faire que l'évolution continue.

L'évolution nous dit d'où nous venons ; l'enseignement de l'évolution nous dit comment nous pouvons aller. De Lucy à la laïcité, il n'y a qu'un long récit universel entre notre passé à tous et notre avenir à tous.

Bruyères, le 18 mars 2007

BIBLIOGRAPHIE

Livres

Jacques ARNOULD, *Les Créationnistes*, Le Cerf, 1996.

Jacques ARNOULD, *Dieu versus Darwin*, Albin Michel, 2007.

Claude COMBES, *Darwin, dessine-moi les hommes*, Le Pommier, 2006.

Pietro CORSI, *Science and Religion*, Cambridge University Press, 1988.

Daniel C. DENNETT, *Darwin est-il dangereux ?*, Odile Jacob, 1995.

Stephen Jay GOULD, *Et Dieu dit : « Que Darwin soit ! »*, Le Seuil, 2000.

Stephen Jay GOULD, *La Structure de la théorie de l'évolution*, Gallimard, 2006.

Dominique LECOURT, *L'Amérique entre la Bible et Darwin*, PUF, « Quadrige », 1998.

Robert T. PENNOCKN, *Tower of Babel : the Evidence against the New Creationism*, MIT Press, 1999.

Jean ROSTAND, *Charles Darwin*, Gallimard, 1947.

Michael RUSE, *The Evolution-Creation Struggle*, Harvard University Press, 2005.

Eugenie C. SCOTT, *Evolution vs. Creationism*, University of California Press, 2005.

Revues scientifiques et numéros spéciaux

« La Bible contre Darwin », *Le Nouvel Observateur*, hors série n° 61, décembre 2005-janvier 2006.

« Darwin. L'arbre de vie. Les génies de la science », *Pour la Science*, trimestriel, février 2004-mai 2004.

« Darwin ou Lamarck : la querelle de l'évolution », *Les Cahiers de Science & Vie*, n° 6, hors série, décembre 1991.

« Darwin : les nouveaux enjeux de l'évolution », *Magazine Littéraire*, n° 374, mars 1999.

« Dieu contre Darwin », *La Recherche*, n° 396, avril 2006.

« Darwin gêne encore : nouvelle croisade créationniste », *Science et pseudo-sciences*, n° 268, juillet-août 2005.

« Intelligent Design after Dover », *Free Inquiry*, 26 (3), avril-mai 2006.

« Le monde selon Darwin », *Sciences et Avenir*, hors série, n° 134, avril-mai 2003.

« Au secours, Darwin ! Ils sont devenus fous », *Québec Science*, avril 2006.

On consultera également le site du National Center for Science Education (www.natcensecied.org) ainsi que celui du CNRS-Sagascience (http://www.cnrs.fr/cw/dossiers/saga.htm).

REMERCIEMENTS

Le projet initial de ce livre unissant Lucy et la laïcité n'avait rien d'évident. Odile Jacob en a perçu l'intérêt et la portée, les événements de l'actualité en ont confirmé l'urgence. Je la remercie pour sa confiance et son amitié. Un sujet aussi difficile requiert un travail éditorial aussi précis que rigoureux apporté par le talent de Jean-Luc Fidel.

TABLE

Chapitre 3
CRÉATION ET RÉACTION

Chapitre 4
CE QUI EST SCIENCE
ET CE QUI NE L'EST PAS

Chapitre 5
L'AVENIR DE L'ÉVOLUTION

Conclusion
LA LAÏCITÉ, NOUVEL ENJEU
DE NOTRE ÉVOLUTION

DU MÊME AUTEUR

Chez d'autres éditeurs :

Lexique de l'incertain (collectif), Parenthèses, 2008.

La Plus Belle Histoire du langage, avec Laurence Sagart, Ghislaine Dehaene, Cécile Lestienne, Seuil, 2008.

Les Animaux amoureux, avec Éric Travers, Éditions du Chêne, 2007.

Danser avec l'évolution, avec Michel Hallet Eghayan, Le Pommier, 2007.

Les Origines de la culture, les origines du langage, avec Jean-Louis Dessalles et Bernard Victorri, Le Pommier, 2006.

Nouvelle Histoire de l'Homme, Perrin, 2005, grand prix Moron de philosophie et d'éthique de l'Académie française 2006.

Les Origines de la culture. Les premiers outils, avec Hélène Roche, Le Pommier, 2004.

Berceau de l'humanité, avec Yves Coppens, Larousse, 2003.

Qu'est-ce que l'humain ?, avec Michel Serres et Jean-Didier Vincent, Le Pommier-Collège de la Cité, 2003.

« La colère », *in* Jean-François Bouvet (dir.), *Le Péché, la Bête et l'Homme,* Seuil, 2003.

Le Singe est-il le frère de l'Homme ?, Le Pommier, 2002.

À la recherche de l'Homme, entretiens avec Laurent Lemire, NiL, 2002.

Aux origines de l'humanité, t. 1 : *De l'apparition de la vie à l'Homme moderne,* sous la direction d'Yves Coppens et Pascal Picq ; t. 2 : *Le Propre de l'Homme,* sous la direction de Pascal Picq et Yves Coppens, Fayard, 2001.

Les Origines de l'Homme. L'Odyssée de l'espèce, Tallandier, 1999 (réédition 2002).

La Plus Belle Histoire des animaux, avec Boris Cyrulnik, Jean-Pierre Digard et Karine Lou-Matignon, Seuil, 2000.

L'Origine de l'Homme, collectif codirigé avec Yves Coppens, Tallandier-Historia, 1998.

Ouvrages pour la jeunesse :

La Préhistoire, Mango, « Regard junior », 2001.

Trilogie sur les trois grands moments des origines qui ont fait l'Homme :

    Cro-Magnon et Nous, Mango, « Regard d'aujourd'hui », 2000.

    Le Premier Homme et son temps, Mango, « Regard d'aujourd'hui », 1997.

Lucy et son temps, Mango, « Regard d'aujourd'hui », 1996.

À la rencontre des hommes préhistoriques, Nathan, « Mégascope », 1997.

La Vie de Lucy et des premiers hominidés, Nathan, « Le Monde en poche »,
  1993.

La Vie des Chimpanzés et des Gorilles, Nathan, « Le Monde en poche », 1992.

Films :

Du rififi chez les Chimpanzés, avec Nathalie Borgers, Arte-Doc en Stock,
  1998 ; prix Léonardo 1999.

Le Singe, cet homme, avec Nathalie Borgers, Arte-Doc en Stock, 1998.

Multimédia/CD-Rom :

Aux origines de l'Homme, avec Yves Coppens et Louis-Michel Désert,
  Microfolie's-Cryo, 1994, prix Möbius international.

Cet ouvrage a été transcodé et mis en pages
chez Nord Compo (Villeneuve d'Ascq)

Imprimé en France

Impression réalisée sur Presse Offset par

C P I
Brodard & Taupin
La Flèche (Sarthe), le 19-09-2008
N° d'impression : 48755
N° d'édition : 7381-2160-X
Dépôt légal : octobre 2008